神仏の眞《ま》杭《くい》

地球上に刻印された**聖数字**の謎に迫る

龍珠山瑞雲寺
大井道範
Ohi Dohan

龍珠山瑞雲寺

神仏の真杭

地球上に刻印された**聖数字**の謎に迫る

神仏の眞杭◉目　次

第1章 占術と数字の関係 015

第3章 数字でみる関東

第5章 数字の意味を探る 133

終章　宇宙の法則はズレていない　221

［凡例］

本書中の緯度経度、距離、角度などは、グーグルアース、グーグルマップなどの数値を参考に、国土地理院の緯度経度検索ソフトなどを用いて測定している。

第1章

占術と数字の関係

占いと数字との関係

◉自分の運勢と数字(運命数)

まずは、この章の見出しを見て、「この本はいったい何の本?」と思った読者がほとんどだろう。大体の人は占いの本だと思っているに違いない。

さらに追い打ちをかけるようで申し訳ないが、次の質問を聞いて一層疑念が深まるのではないだろうか。

「自分を表す数字は何か、答えてください」

占いとか運勢といった言葉を見出しに入れているので、機転のきく人ならば迷わず「運命数」を思い浮かべるはずである。そして、占いに興味のある人ならば、運命数とは何か、よく知っているだろう。

なぜいきなり運命数について尋ねたのか。それには本書に関わるある理由があるのだが、そのことについては追々述べるとして、その前に運命数について少しだけ触れておこうと思う。

運命数とは、読んで字のごとく、〝人の「運命」を導き出すための基礎となる数字〟のことである。

西洋占星術や九星気学、四柱推命など、占術の多くは生年月日をもとに計算するのだが、運命数も例外ではない。

運命数の出し方はいたってシンプルである。生年月日を一桁ずつ足し、最終的に一桁になるまで計算すればよい（占いによっては二桁の場合もある）。

具体的に計算してみよう。

たとえば1987年11月15日生まれの人だと、生年月日の数字を単数に分解し、次のように足し算する。

1＋9＋8＋7＋1＋1＋1＋5＝33

33のように、3と3と単数に分解できる場合は、次のようにさらに計算する。

3＋3＝6

6はこれ以上分解できないので、この人の運命数は「6」となる。

ただし、最後の数字が「11」や「22」（＊最近では「33」も入れることがある）のようなぞろ目の場合、そこで計算はストップし、「11」「22」「33」を運命数とすることもある。

【カバラ数秘術】

この運命数を使った占いでよく見かけるのは、カバラ数秘術だろう。数秘術とは何かというと、古代バビロニアで生まれた占術である。計算は上記と同じように一桁になったところで数秘術の数字と照合し、その人の運勢を占う。カバラとは「神秘主義」という意味で、タロットカードを使って占うことでも知られる。

数秘術は1から9までと、11と22（あるいは33）の11個（または12個）の数字を使って占う。たとえば、先に計算した「6」という数字は、基本的に正義感が強く、完全主義のタイプが多い。しかし一方で、周りに気遣い調和を大切にする人も多いとされる。

これも、色々な解釈があるので、気になる人はご自分で調べてみるといい。

【九星気学】

さて、もう少し運命数についてみてみよう。今度は九星気学を例にとってみる。

九星気学は、その人の生年月日から、本命星《ほんめいせい》と月命星《げつめいせい》、日命星《にちめいせい》などを割り出し、運勢を占うもので、こちらも身近な占いとしてよく知られている。仕事運や家族運、吉方位や凶方位といった方位など、様々な鑑定ができる。

ここで注意しなければならないのは、九星気学や後で説明する四柱推命などでは節分の2月4日を年初めとしていることである。2月3日以前は旧年、2月4日以降から新年となる。つまり、立春（節分の次の日である2月4日）から、次年の2月3日までが1年である。

たとえば1985年2月1日生まれの人の場合、1984年で計算することになる。この節入りを反映するか否かで占術結果が変わってくるので、早生まれの人は特にこの点に配慮して計算する必要がある。

❖1-1　本命早見表

本命	一白水星	二黒土星	三碧木星	四緑木星	五黄土星	六白金星	七赤金星	八白土星	九紫火星
生まれた年（西暦）	1954	1953	1952	1951	1950	1949	1948	1947	1946
	1963	1962	1961	1960	1959	1958	1957	1956	1955
	1972	1971	1970	1969	1968	1967	1966	1965	1964
	1981	1980	1979	1978	1977	1976	1975	1974	1973
	1990	1989	1988	1987	1986	1985	1984	1983	1982
	1999	1998	1997	1996	1995	1994	1993	1992	1991
	2008	2007	2006	2005	2004	2003	2002	2001	2000
	2017	2016	2015	2014	2013	2012	2011	2010	2009

なお、西暦がすぐにわからない場合は本命早見表（1―1）をみるとよい。

では、本命星を出してみよう。本命星とはその人の生まれた年の星であって、一生変わることのない星である。

この場合、先の運命数を出す方法と同じように、生年月日の生年（生まれた年の西暦）の各数字を単数に分解し、足し算する。先ほどの生年月日を使ってみると次のようになる。

1＋9＋8＋7＝25

この結果をさらに分解し、足し算する。

2＋5＝7

この7を、11から引く（＊占術によっては「12」という場合もある）。

11－7＝4

こうして導かれた数字の「4」が本命星（本命数）になる。

九星気学では、一白水星《いっぱくすいせい》、二黒土星《じこくどせい》、三碧木星《さんぺきもくせい》、四緑木星《しろくもくせい》、五黄土星《ごおうどせい》、六白金星《ろっぱくきんせい》、七赤金星《しちせききんせい》、八白土星《はっぱくどせい》、九紫火星《きゅうしかせい》の9つの星で表す。

右記例題の場合、運命数は「4」だから、「四緑木星」が本命星となる。ちなみに、運命数が8の場合は八白土星である。

次は月命星を調べてみる。月命星を求めるには、一白水星、四緑木星、七赤金星の場合は10（もしくは19）から生月数を引く。二黒土星、五黄土星、八白土星の生月の人は4または13から、そして、三碧木星、六白土星、九紫火星の人は7または16から生月を引く。こちらも早見表（1―2）などを参考にするとよい。

❖1-2　月命星早見表

	本命星		
生まれ月	一白水星 四緑木星 七赤金星	三碧木星 六白金星 九紫火星	二黒土星 五黄土星 八白土星
1月	九紫火星	六白金星	三碧木星
2月	八白土星	五黄土星	二黒土星
3月	七赤金星	四緑木星	一白水星
4月	六白金星	三碧木星	九紫火星
5月	五黄土星	二黒土星	八白土星
6月	四緑木星	一白水星	七赤金星
7月	三碧木星	九紫火星	六白金星
8月	二黒土星	八白土星	五黄土星
9月	一白水星	七赤金星	四緑木星
10月	九紫火星	六白金星	三碧木星
11月	八白土星	五黄土星	二黒土星
12月	七赤金星	四緑木星	一白水星

本事例の場合、11月生まれで四緑木星なので、

19－11＝8

つまり、月命星は八白土星となる。

ちなみに、本事例の人は、本命星は四緑木星、月命星は八白土星、日命星は二黒土星となる。この3つの組み合わせで、その人の運勢を占う。

このように生年月日を使った占いは、とにかく精度を上げることが大事だ。精度を上げるためには生まれた時間まで知っていることが望ましいが、生まれた時間を知っ

ている人はそういないだろう。もし気になるなら、親御さんに訊くか、ご自身の母子手帳をみると書いてあるかも知れない。

【四柱推命】

次に、生年月日のほか、生まれた時間、場所まで調べて占う四柱推命という占術についてみていく。古代中国で生まれた占術で、占術の中でももっとも古いとされている。生まれた年、月、日、そして生まれた時間の4つで運勢を出し、その4つの相乗・相剋を導き出すのが、四柱推命の特徴である。年柱、月柱、日柱、そして時柱という4つの柱で占うことから、四柱推命という名がついた。

四柱推命という言葉はもともと中国で使われていた名称ではなく、暦学などの基本的な考え方が日本に伝わり、これが体系化して生まれた言葉だといわれている。だから、和製言葉といえなくもない。

この四柱推命をさらに数字に置き換えて発展した占術が、算命学である。ただ、算命学も難解ゆえに一般人に浸透させるのは難しい占術の一つとされている。

ちなみに相乗・相剋とは、簡単にいうと「相性」のこと。相乗は互いがよき方向に導かれるよい相性を意味するのに対し、相剋は互いの相性が悪いことを意味する。

四柱推命では先述したように、生まれた時の年月日と時間を六十干支で計算して占う。六十干支とは、十干十二支の組み合わせ方のことで、十干とは甲《きのえ》、乙《きのと》、丙《ひのえ》、丁《ひのと》、戊《つちのえ》、己《つちのと》、庚《かのえ》、辛《かのと》、壬《みずのえ》、癸《みずのと》の計10、十二支とは子《ね》、丑《うし》、寅《とら》、卯《う》、辰《たつ》、巳《み》、午《うま》、未《ひつじ》、申《さる》、酉《とり》、戌《いぬ》、亥《い》の計12を指す。

十干十二支を総当たりで組み合わせると、60になる。ちなみに十干は10、十二支は12あり、それらを組み合わせるわけだから、当然に余りが出てくる。この余りが空亡《くうぼう》と呼ばれる。空芒は何をやってもうまくいかない停滞期のことだ。

十干の基本的な考え方は、「万物はすべて五行で構成されている」という古代中国の考え方からきている。

五行とは「木《もく》」、「火《か》」、「土《ど》」、「金《ごん》」、「水《すい》」の5つの要素を指し、万物はこの5種類の元素でできているという考え方を「五行思想」という。五行思想はこの十干十二支や陰陽五行は、四柱推命だけでなく、算命学や九星気学などでも使われている基本的な考え方である。

ちなみに、甲《きのえ》とは「木」の陽（兄）のことを意味し、乙《きのと》は「木」の陰（弟）を指す。よって甲は「木の兄《きのえ》」、乙は「木の弟《きのと》」という。これは万物には必ず陰陽があり、五行にもそれが反映されていることからこういう考え方が生まれた。よって、五行の陽は甲、丙、戊、庚、壬の計5つ、五行の陰は乙、丁、己、辛、癸の計5つになる。

次に十二支だが、これは大抵の人が知っている12の干支のことを表している。午《うま》とか巳年などのことだ。

これら十干十二支を「甲子」「乙午」……といったようにそれぞれ組み合わせていくと、60ですべての組み合わせが成立して一サイクルが終了し、また新たに「甲子」に戻る。

❖1-3　時刻法（不定時法）

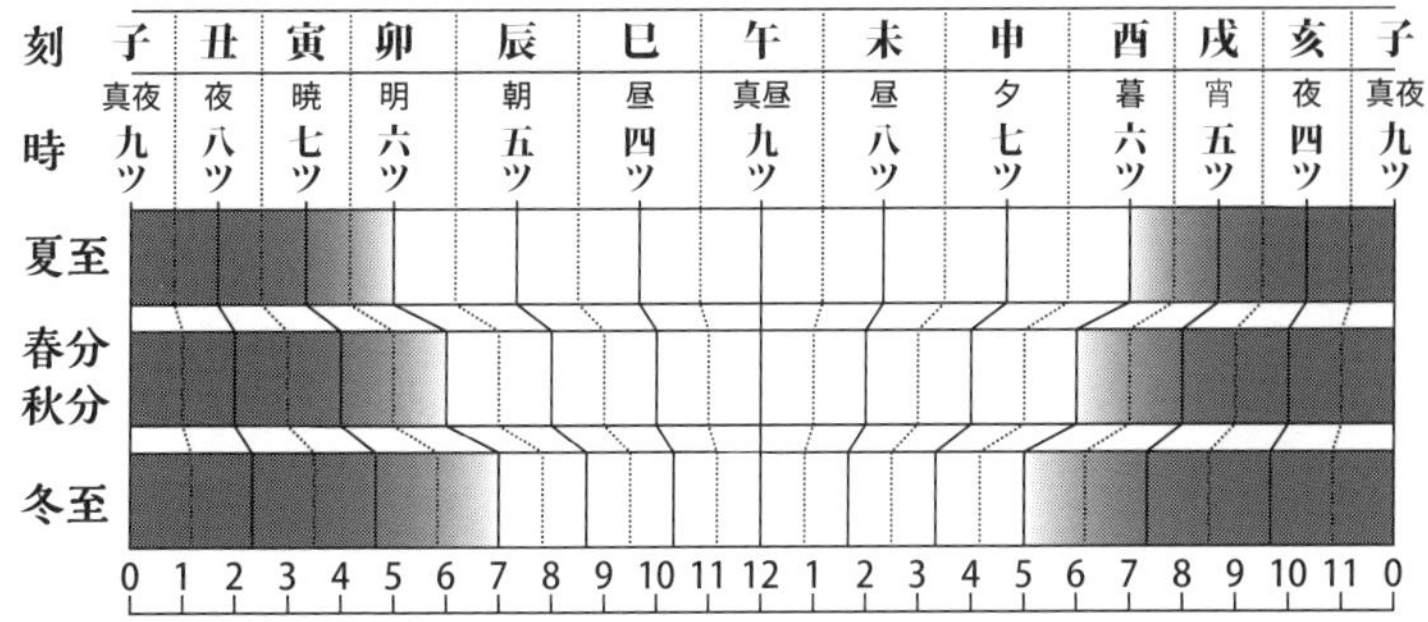

60歳になると「還暦」といって祝う習慣があるが、60年で一区切りという意味や、十干十二支の組み合わせの60で一サイクルのことを指していることになる。

四柱推命をもっと知りたいという人は、ネット上に四柱推命サイトがたくさん紹介されているので参考にしてほしい。ここではポイントとなる点だけ要約しておく。

四柱推命は、「命式」とよばれる表を作る。これは、年柱、月柱、日柱、そして時柱の四つを出し、そこから天干星、十二運、神殺星などを導く。

年柱などを求めるうえで、天干と地支がある。天干とは十干のことで、地支とは十二支のことを指す。言葉で言ってもわかりづらいので、事例を交えて説明しよう。

たとえば、前項と同じく１９８７年11月15日の生年月日の人がいたとする。せっかくなので、生まれた時間を16時00分(午後4時）として、性別は女性だったと仮定しよう。

まず、年柱をみると、１９８７年は60干支でいうと、丁卯《ひのとう》に当たる。丁は十干、卯は十二支である。同じように、十干支表で月柱、日柱をそれぞれ調べてみると、月柱は辛亥、日柱は戊辰となる。

もっとも面倒なのは、時柱の出し方だ。江戸時代まで時間は干支で読んでいた。今のような時計のない時代だから、正確な時間を測るのは極めて難しかった。そこで、日の出と日の入を基準に定めた時間を使用していた（1―3）。これは不定時法という。今と比べるとかなりアバウトな印象もあるが、活動する時間を基準にするのだから、合理的な一面もある。

❖1-4　時刻干支表

干	時刻＼日干	甲己	乙庚	丙辛	丁壬	戊癸
子	午前00時～午前01時	甲子	丙子	戊子	庚子	壬子
丑	午前01時～午前03時	乙丑	丁丑	己丑	辛丑	癸丑
寅	午前03時～午前05時	丙寅	戊寅	庚寅	壬寅	甲寅
卯	午前05時～午前07時	丁卯	己卯	辛卯	癸卯	乙卯
辰	午前07時～午前09時	戊辰	庚辰	壬辰	甲辰	丙辰
巳	午前09時～午前11時	己巳	辛巳	癸巳	乙巳	丁巳
午	午前11時～午後01時	庚午	壬午	甲午	丙午	戊午
未	午後01時～午後03時	辛未	癸未	乙未	丁未	己未
申	午後03時～午後05時	壬申	甲申	丙申	戊申	庚申
酉	午後05時～午後07時	癸酉	乙酉	丁酉	己酉	辛酉
戌	午後07時～午後09時	甲戌	丙戌	戊戌	庚戌	壬戌
亥	午後09時～午後11時	乙亥	丁亥	己亥	辛亥	癸亥
子	午後11時～午後12時	丙子	戊子	庚子	壬子	甲子

さて、時間の干支を出すには、時刻干支表を用いるとわかりやすい。これでみると、庚申となる（1―4）。

このようにして出した年柱、月柱、日柱、時柱を表にすると、1―5のようになる。

ここで、干支以外の偏官、食神、冠帯、病といった耳慣れない言葉が出てくる。偏官や食神は「格局」というもので、個人の性格などを表す。冠帯や病は「十二運星」といわれていて、運勢の強弱などを表すが、個人の性格なども含まれる。

十二運星にはこのほか、「墓」や「死」、「衰」など暗いイメージを与える漢字があるが、四柱推命では漢字のイメージが当てはまるわけではなく、たとえば「死」は探求心旺盛で直感力に優れているという意味がある。

このような通変星や十二運星などを導き出し、その人の運勢や吉凶を占っていくのが四柱推命の特長である。

天干とか、地支、通変星や、正財、偏官などなど、独特の言葉と意味があるが、本書は四柱推命の本ではないので、詳しくは専門書や専門サイトを見てほしい。

❖1－5　命式表(本人の運命)〈1987年11月15日〉

	時柱	日柱	月柱	年柱
天干	庚	戊	辛	丁
地支	申	辰	亥	卯
通変星	食神		偏官	印綬
十二運	病	冠帯	絶	沐浴
蔵干	戊	乙	戌	甲
通変星	比肩	正官	比肩	偏官
関係			空亡	六害

こうして、人の運勢をみて、最後に空亡を表す。空亡とは、先述したように天中殺とか厄とか、いわばその人にとってあまり芳しくない年や状況を表すものだ。四柱推命もそうだが、ようはこの空亡がいつか、空亡をどのようにやり過ごすのが適当かを知ることが、本来の占いといってよいのかも知れない。空亡についてては後程、詳しくみていく。

ちなみに、この生年月日の人は文才があり、社会的に地位を得、成功する星をもっている。財運も強く、先祖からの徳を積んでおり、明るい性格。ただし、邪魔が入りやすく、家族運が薄くなる傾向もあるので、縁を深くするとよい、となる。

❖1-6　命式表(本人の運命)　1991年7月8日16時

	時柱	日柱	月柱	年柱
天干	壬	己	乙	辛
地支	申	卯	未	未
天干通変星	正財		偏官	食神
十二運	沐浴	病	冠帯	冠帯
蔵干	戊	甲	丁	丁
蔵干通変星	劫財	正官	偏印	偏印
関係	空亡			

もう一例挙げておこう。

1991年7月8日（男性）生まれの人はどうなるだろうか。

まずは年柱からみてみる。1991年は60干支でいうと、辛未《かのとひつじ》に当たる。辛は十干、未は十二支である。同じように、十干支表で月柱、日柱をそれぞれ調べてみると、月柱は乙未《きのとひつじ》、日柱は己卯《つちのとう》となる。これを命式表に表わしたのが、1―6である。

さて、年柱は幼少期、月柱は青年から壮年、日柱は晩年を表すという。年柱は辛未なので、一般的に社交性があり、異性に好感をもたれるタイプ。しかし、ある一定の距離を保つタイプなので、付き合うのは難しいといえる。月柱は真面目で、仕事熱心。堅実に生きるタイプとなる。日柱は己卯で、精神力の強さを示している。ピンチをものともせず、自分の生きる道をしっかりと歩むタイプといえる。

さらに詳しくみると、この生まれの人はすでに20歳を超えているから、月柱あたりからみると、天干通変星の偏官から、自分の力で切り開く強さがみられる。また、十二運の冠帯は、やや我儘な性格がある一方、上に立つ環境を得られるほうがうまくいく傾向が強いといえる。

空亡とは

❖1-7　空亡表

										空亡
甲子	乙丑	丙寅	丁卯	戊辰	己巳	庚午	辛未	壬申	癸酉	戌亥
甲戌	乙亥	丙子	丁丑	戊寅	己卯	庚辰	辛巳	壬午	癸未	申酉
甲申	乙酉	丙戌	丁亥	戊子	己丑	庚寅	辛卯	壬辰	癸巳	午未
甲午	乙未	丙申	丁酉	戊戌	己亥	庚子	辛丑	壬寅	癸卯	辰巳
甲辰	乙巳	丙午	丁未	戊申	己酉	庚戌	辛亥	壬子	癸丑	寅卯
甲寅	乙卯	丙辰	丁巳	戊午	己未	庚申	辛酉	壬戌	癸亥	子丑

◉吉兆のなかで最低の運勢？

占術において多くの人が気にするのは運勢における吉兆である。とりわけ気になるのは、吉よりも凶の時期だろうか。四柱推命でいうと空亡、算命学でいうと天中殺、九星気学だと暗剣殺、六星占術だと大殺界などといわれる時期である。

ではここで、四柱推命の空亡を例にとってみていこう。

空亡の時期に入ったときは、どのような人であっても例外なく、何をしてもうまくいかない。悩みがなかなか解決できず、活路を見出すことも難しいといわれる。

この空亡という考え方は、十干十二支に端を発している。十干は10、十二支は12というように要素の数が違うが、これを2つずつ組み合わせると、どうしても2つ不足する時期がある（1―7）。この不足する部分は不安定な状態になることから、空亡あるいは天中殺と呼んでいる。これは12年に2年、1年に2ヵ月訪れるといわれている。よく、男性は数えの42歳、女性は同じく33歳が本厄だといわれるが、この本厄と空亡とは、若干意味合いが違うので注意してほしい。

この空亡をみることで、その人の運勢を知り、将来について考察することが、現在の占術の目的といえるだろう。

◉空亡という考え方

こうなると、空亡＝不幸と考えてしまいがちだが、必ずしもそうとはいえない。というよりも、誰にでも必ず訪れるのが空亡である。人間生きていれば必ず空亡の時期はある。避けて通ることはできない。

たとえば、身近な人が亡くなったとしよう。つい昨日まで元気で生き生きとしていた人が、突然病や不慮の事故で亡くなると、遺族にとっても、知人友人にとっても悲しい出来事である。

もしも亡くなった日に、たまたま空亡が重なっていたとしたらどうだろう。遺族にとっても知人や友人にとっても「やはり空亡だったから」と思い込み、空亡＝不幸という方程式が当然のように固着するのではないだろうか。

家族などが亡くなった年は、年始の挨拶を控えるという風習が日本にはある。ちなみに隣国の朝鮮半島は、その昔、儒教の教えからか、寡婦となったら3年（＊1年という説もある）喪に服す風習があったといわれる。今でも喪に服すというと、1年ほどは故人を想って祝い事を避けるといった風習がないとはいえないが、人が亡くなるというのはそれだけインパクトが大きいということだろう。

私も葬儀や法要のあとに説教するときも、故人のことを思いながら、人の栄枯盛衰を説くことはある。人間の生と死は理を表すにしても、何かしら人智を超えるものがあると考えるのが筋だろう。

ところで、どんなお坊さんもそうだとは思わないが、私は時に、檀家さんの家系図作りの手伝いをすることがある。このきっかけは色々あるが、人生相談のような話を受ける際に、檀家さんのご先祖を調べたり、ご家族の中で亡くなった人の生年月日や、死亡時の年月日などを調べたりする。

こんなことをやっていたあるとき、ふと、私の実父が昔語っていた、「家には、夏の家と冬の家がある」という言葉が脳裏をよぎった。私がまだ幼い頃、住職だった父が檀家さんの前で話していた言葉である。当時の私には、この言葉の意味が何を表す（意味している）のかわからなかった。

何十年か経ち、その意味を知ることになったのは、私が住職として当寺に奉職し、檀家さんなどの法事や家系図作成などに関わるようになってからのことだ。

ある日、この言葉の意味を実感したことがあった。それは、ある檀家さんが古い墓地を改修することになり、その際、過去に亡くなった人について調べていたときのことだ。そこのご先祖様が亡くなった日を見ていて驚いた。以下がその資料である。

この檀家さんは江戸時代から脈々と続く家系である。ここではすべてを掲載できないので、一部のみ掲載する。

●●禅定門	没年不明	10月17日		
●●童女	延宝3（1675）年	3月1日	己未	7、9
●●●●禅定門	元文5（1740）年	3月13日	甲寅	2
●●童女	元文5（1740）年	8月20日	戊午	6、0
●●●●禅尼	寛保2（1742）年	8月6日	壬辰	4
●●禅定門	宝暦3（1753）年	3月27日	癸未	7、0
●●●●禅定門	宝暦11（1761）年	8月17日	癸未	7、0
●●●●信士	安永3（1774）年	8月12日	癸巳	5
●●禅定門	天明6（1786）年	8月10日	辛巳	5
●●●●信女	寛政6（1794）年	8月9日	癸亥	11
●●●●信女	天保3（1832）年	11月4日	丙午	6、0

●●院●●●居士	昭和42（1967）年	8月20日	丁未：旧暦7月15日	7、9
●●院●●●大姉	昭和63（1988）年	1月29日	戊辰：旧暦12月11日	4
●●院●●●居士	平成16（2004）年	1月9日	甲申：旧暦12月18日	8、0
●●院●●●大姉	平成20（2008）年	9月20日	戊子：旧暦8月21日	12
●●●●●居士	平成24（2012）年	1月27日	壬辰：旧暦1月5日	4

少しだけ補足すると、戒名で「童女」というのは女の子のこと。禅定門、禅尼なども古い戒名の位号で、最近では居士、大姉などが用いられることが多い。

さて、右記資料をよく見てほしい。このご家族の亡くなった日付に注目すると、12月～1月と、7月～9月に多いことがわかる。

先述したように、旧暦から新暦に移行したのは、明治6年（1873）からであり、昭和や平成の時代は新暦なので、下に旧暦の場合を記載してみた。これをみると、この家系は、季節でいうところの夏に亡くなっている人が多いことがわかる。

この時期が果たして空亡かどうかは生年が不明なので明言は避けるが、亡くなった日付を見る限り、亡くなった時期がある時期に集中しているように思える。

この時期が空亡とは言い切れないが、もし亡くなった日を空亡と仮定するならば、この檀家さんの空亡は夏ではないかとの推測ができる。

もちろん、本来の空亡という考え方と異なるが、今から300年程経っていても血脈における空亡は変わらないのだ、という一例だ。

没年だけをみているだけでも、家系によって亡くなる季節がある程度見えてくるご家庭もある。ちなみに、私の実父や、当寺の先代などが亡くなった日付を見ると、たいてい同じ時期に集中している。当寺が建立されて500年経過するが、これほどの歳月が経ってもなお、空亡月はほとんど変わらない。

私自身の家系からみても、上記のルールから外れていないのだから、驚きである。亡父がいった「夏の家、冬の家」とは、おそらくだが、その家系によって亡くなる季節があることを示したかったのだろう。

もちろん、すべての家系にこの規則性が当てはまるとは限らない。もし機会があれば、読者自身の家系において、ご先祖様がいつ亡くなったのか調べてみると、意外な事実がわかるかも知れない。

◉空亡で生まれた人との相性

空亡というのは何も、亡くなった時期や事故、病気、仕事の不調といった悪いことばかりに関係しているわけではない。

ここから述べることは、「多くの人を計算した結果、このような考え方もできる」という私独自の統計学による考え方なので、この種の研究書や参考書などには出ていない。

さて、私は夫婦や恋人などの相性などを観ることもあるのだが、空亡が真逆などといったことはあまりみられないようである。子供の空亡に関しても、両親などの星に影響を受けているところは非常に大きい。だから、空亡の時期が混然としているというのはあまりないようである。

では、その家系にあって空亡月に生まれた子供がいた場合はどうなのか。私自身の身内でみると、そうした空亡の月に生まれた人は、家系の中で調和を創出しているように思える。一見すると空亡月に生まれた子供は、家族に災いをもたらすと思われがちだが、反対に家庭の中に平安をもたらす要素を備えているということだ。いうなれば、家族の不和を相殺する役目を負って生まれてきているのかも知れない。

◉占いと数字

身近な数字について、もう一度おさらいしてみよう。

運命数ではなくても電話番号とか健康保険証番号といった身近な数字のことである。普段はあまり気にしない人も多いだろうが、カードや証書、自分の携帯番号などをまじまじとみているると、いくつか気になる点に気づくはずだ。たとえば、本人が意識するわけでもないのに、やたら「1」が多かったり、「4」や「9」といった数字が含まれていたりすることがないだろうか。

あるいは、無意識に時計をみると、なぜか「11時11分」だとか、「22時22分」といったように、時分がぞろ目に揃っていたり、分だけが「00分」とか「55分」といった具合にぞろ目が並んでいたりもする。偶然といってしまえばそれまでだが、無意識のうちにこういうことが繰り返されると、逆に気になる。

ぞろ目は、スピリチュアルの世界では「エンジェルナンバー」ともよばれる。寺の住職が天使を語るのも少々憚られるが、エンジェルナンバーは「天使の数字」と直訳されるように、天から送られた数字、あるいは天からのメッセージ、啓示という意味と解される。

たとえば、前述のような「11時11分」という「1111」と時分の4ケタの同じ数字が揃ったように、33とか555とか、7777など、いわゆる「ぞろ目」の数字の組み合わせが、何らかの事象を暗示しているということになる。

私はこのぞろ目について、タロットカードをリンクさせて考えてみたりするのだが、これについては追々説明していこうと思う。

運命数をはじき出す方法は冒頭で説明したとおりだが、これを使って占う方法には、四柱推命や九星気学、六星占術、算命学、宿曜などのほかに西洋占星術などもある。基本的な計算方法は先述したように、生年月日の数字を足すというのが一般的である。

それにしても、運勢を数字で表すなど、いったい誰が考えたのだろうか。

3だと、あなたはこういう運命である、7だとこんな運命になっているなど、考えてみると数字一つでその人の運命がわかるというのは驚きだ。数秘術などは、まさに最たるものである。

周囲を見回すと、この世の中は数字で溢れかえっている。時計やカレンダー、書物やメール、ネット、テレビ、ラジオ、電車の中、車のメーターディスプレイ、車のナンバープレート、住所の番地やアパートやマンションなどの部屋番号などなど、まさに社会の事象はすべて数字で表されているといっても過言ではない。こうしてみると、現代人は数字なしには生きられないようだ。

現代は算用数字や漢数字、ローマ数字など色々な種類の数字を利用することができるが、古代では、数字の代わりに絵文字や甲骨文字、楔形文字などを使っていたわけだから、便利な時代になったものである。

◉誕生日と数字の関係

ところで、占術によって運命数という呼び方も色々あることは先述した。九星気学であれば本命星であり、算命学では陽占と陰占、西洋占星術では生まれたときの10の星の位置を示すホロスコープアスペクトなどである。言い方はそれぞれ違うが、唯一の共通点はその人の生まれた誕生日で占うということである。

運命数を出すには、基本的に人の生年月日が基準になる。生まれた年、月、日、そして時間まで正確に計ることで、より詳細な占術が可能になることは既に述べた。

では、なぜ生年月日が大事なのか。いうまでもないが、星の運行と人間の運勢がリンクしているという考え方があるからだ。四柱推命でも九星気学でも、西洋占星術でも、例外なく誕生日から運命数を割り出すことで、星や星座の運行と地上から自分の星座の角度などを測って、その人の星を探り、運勢を占う。

　この考え方は、人間と宇宙は一体である、という教えや考え方からきている。

　たとえば、中国では古代より天体による占術を行う際に、二十八宿（1―8）を用いてきた。これは、天体を一つの天球にみたてて、中央の北極星と、その周辺の星座などを28等分したものである。

❖1-8　二十八宿

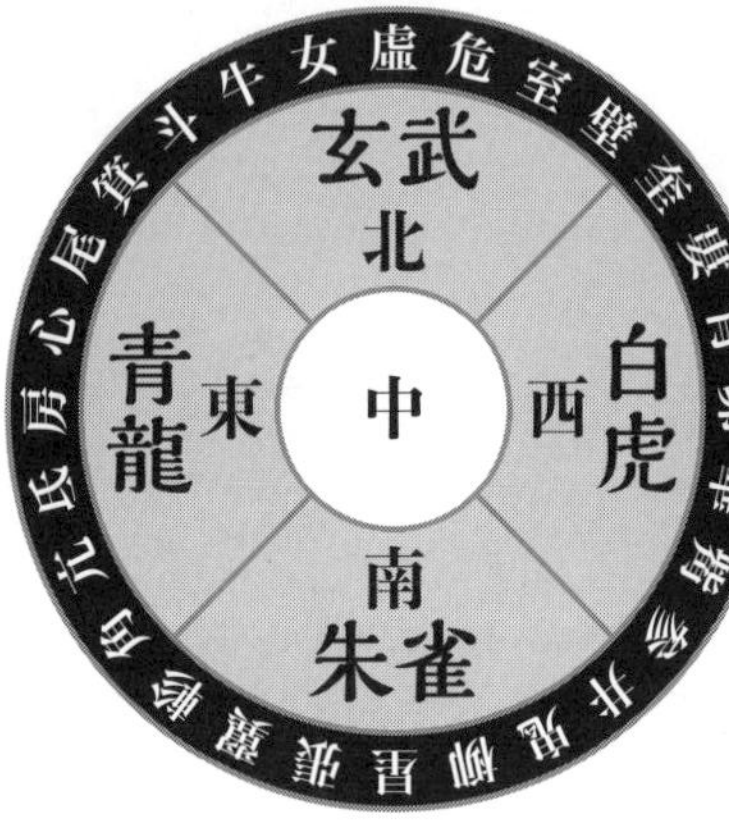

◎二十八宿

　二十八星座は1―9のとおりである。

　当時は、これらの星座の位置と、生まれた年月日、さらには時間などとの関係をみて、相性や運勢を占っていた。まだ西暦などの基準がなかった時代は、生まれた日に天空をみ上げ、どの星座が中心にあり、どれが相乗で、どれが相剋かを検証したことだろう。

　占いをするうえで、天体の運行を正確に知ることが、占いの精度を高めることにつながった。

　天体の運行は、たとえば、季節を知ることで種まきや収穫、台風の到来などの時季を求めることができるなど、我々の日常生活にとっても重要な要素を含んでいる。

❖1-9　二十八星座

	宿名	訓読	距星	吉凶
東方青龍	角宿	すぼし	おとめ座α星	着始め・柱立て・普請造作・結婚に吉。葬式に凶
	亢宿	あみぼし	おとめ座κ星	衣類仕立て・物品購入・種まきに吉。造作に凶
	氐宿	ともぼし	てんびん座α星	結婚・開店・結納・酒造りに吉。着始めに凶
	房宿	そいぼし	さそり座π星	髪切り・結婚・旅行・移転・開店・祭祀に吉
	心宿	なかごぼし	さそり座σ星	祭祀・移転・旅行・新規事に吉。造作・結婚に凶。盗難注意
	尾宿	あしたれぼし	さそり座μ星	結婚・開店・移転・造作・新規事に吉。着始め・仕立てに凶
	箕宿	みぼし	いて座γ星	動土・池掘り・仕入れ・集金・改築に吉。結婚・葬式に凶
北方玄武	斗宿	ひきつぼし	いて座φ星	土掘り・開店・造作に吉
	牛宿	いなみぼし	やぎ座β星	移転・旅行・金談など全てに吉
	女宿	うるきぼし	みずがめ座ε星	稽古始め・お披露目に吉。訴訟・結婚・葬式に凶
	虚宿	とみてぼし	みずがめ座β星	着始め・学問始めに吉。相談・造作・積極的な行動に凶
	危宿	うみやめぼし	みずがめ座α星	壁塗り・船普請・酒作りに吉。衣類仕立て・高所作業に凶
	室宿	はついぼし	ペガスス座α星	祈願始め・結婚・祝い事・祭祀・井戸掘りに吉
	壁宿	なまめぼし	ペガスス座γ星	開店・旅行・結婚・衣類仕立て・新規事開始に吉
西方白虎	奎宿	とかきぼし	アンドロメダ座ζ星	開店・文芸開始・樹木植替えに吉
	婁宿	たたらぼし	おひつじ座β星	動土・造作・縁談・契約・造園・衣類仕立てに吉
	胃宿	えきえぼし	おひつじ座35番星	開店・移転・求職に吉
	昴宿	すばるぼし	おうし座17番星	神仏詣で・祝い事・開店に吉
	畢宿	あめふりぼし	おうし座ε星	稽古始め・運搬始めに吉。造作・衣類着始めに凶
	觜宿	とろきぼし	オリオン座λ星	稽古始め・運搬始めに吉。造作・衣類着始めに凶
	参宿	からすきぼし	オリオン座ζ星	仕入れ・納入・取引開始・祝い事・縁談に吉
南方朱雀	井宿	ちちりぼし	ふたご座μ星	神仏詣で・種まき・動土・普請に吉。衣類仕立てに凶
	鬼宿	たまおのぼし	かに座θ星	婚礼のみ凶。他の事には全て吉
	柳宿	ぬりこぼし	うみへび座δ星	物事を断るのに吉。結婚・開店・葬式に凶
	星宿	ほとおりぼし	うみへび座α星	乗馬始め・便所改造に吉。祝い事・種まきに凶
	張宿	ちりこぼし	うみへび座υ星	就職・見合い・神仏祈願・祝い事に吉
	翼宿	たすきぼし	コップ座α星	耕作始め・植え替え・種まきに吉。高所作業・結婚に凶
	軫宿	みつかけぼし	からす座γ星	地鎮祭・落成式・祭祀・祝い事に吉。衣類仕立てに凶

この、人間の営みのサイクルがある周期に基づいて到来することを知った人類は、やがて、ここから1日や1年という概念、すなわち時間という考え方を求めるようになったのだろう。

ただし、人が生まれたといっては空を見上げるのも大変だろう。日中は星がみえないわけだから、みえない日中でも天体の運行を知り、計算できる方法がどうしても必要であった。そこで、季節の変わり目や、時間の経過などを知るうえで必要なものとして作られたのが、「暦」だった。

正確な暦とは

◉暦について

現在我々が使っている暦は新暦（太陽太陰暦）といって、太陽の軌道をもとに作成した暦である。日本で新暦に変わったのは明治6年で、それまでは月の満ち欠け（朔欠）に基づいて計算された旧暦（太陰太陽暦）を用いていた。

月の満ち欠けは、約29・5日で一回りする。つまり新月に始まり、再び新月に戻る。ちなみに、月は地球の周りを約27日で公転している。先の二十八宿は、ここからきたとされているが、二十七宿だと主張する人もいるようだ。

さて、月の満ち欠けが約29・5日だとすると、12カ月は約354日にしかならない。つまり11日ほどが空白状態になる。そこで、この11日をどこかで補わないといけない。この補足した部分が閏月（もしくは閏日）である。1ヵ月ぐらいの差が生じるとその都度、閏月を設けて調整するので、昔は19年で7回、閏月を設けて帳尻合わせをしてきた。4年に1度1日を増やす現代の暦からすると、その労力は大変なものだったろう。

ところで、新暦と旧暦の大きな違いは何かというと、それは、正しい天体の動きとの誤差の違いにある。新暦は4年に1度、24時間を足すことで調整できる。

それまでの旧暦、つまり陰暦は、数年ごとに閏月を入れる必要があったり、閏月をどこの月に入れるかはその年によって違いがあったりしたが、現在の太陽太陰暦は、太陽の軌道をもとに計算するので、月に比べてわかりやすいといわれている。太陽太陰暦は画期的な暦法ともいわれていて、この暦法を利用したことで複雑な計算が不要になったというメリットも聞かれる。

しかし、月の軌道も太陽の軌道も、実際の軌道は単純ではなく、とても複雑である。一般的に、太陽を中心に地球や火星などが平行に太陽の周りを回っている模型や映像を目にすることがある。太陽の周りを周回する惑星の速さを比較するにはわかりやすいが、実際の恒星や惑星の運航とはだいぶ違っている。

たとえば、太陽はその場所に静止して自転していると思われがちだが、実際は銀河系の中心を2億年以上もの長い月日をかけて周回している。銀河系の大きさは10万光年といわれる。1光年は1京（1兆の1万倍）なので、その大きさは想像を絶する。

その太陽の周りを、地球や木星、土星などの太陽系惑星が周回している。しかも、地球には月という衛星が周回し、木星はタイタンなどの衛星が周回する。太陽以外の太陽系惑星は、太陽の引力に引っ張られ、らせん状に太陽の周りを周回しているのが実際の軌道だそうだ。

ちなみに、太陽も銀河内をらせん状に周回している。らせんというのがひとつのキーワードになっている。

こんな複雑な惑星軌道を描いているものを、おおざっぱな軌道数値で数字を出すのはどれだけ無理があるのか、よくわかるだろう。

しかし、太陰太陽暦は、複雑かつ難しい計算というデメリットをかかえていたにも関わらず、その季節感を示す正確さは太陽太陰暦とは若干異なるといわれる。それだけ、太陰太陽歴は正確さでは群を抜いていたということになる。


新暦になったいまでも、旧暦の名残は暦に反映されている。夏至や冬至、大寒や小寒といった季節の移り変わりを示す二十四節気などはよく知られているところである。そのほか、十干（甲・乙・丙・丁・戊・己・庚・辛・壬・癸）十二支（子・丑・寅・卯・辰・巳・午・未・申・酉・戌・亥）、五行（木火土金水）などの陰陽五行思想を背景に日にちの移り変わりをはじき出し、暦を作ってきた長い歴史がある。

さらに二十四節気を初候、次候、末候と3等分することで、より細かい季節の移ろいを暦に反映してきた。たとえば、二十四節気の立春では、「東風解凍《こちこおりをとく》」「黄鶯睍睆《うぐいすなく》」「魚上氷《うおこおりをいずる》」という季節の移ろいを現し、立秋では「涼風至《すずかぜいたる》」「寒蝉鳴《ひぐらしなく》」「蒙霧升降《ふかききりまとう》」という変化を表現している。

実際に旧暦の七十二候を現在の新暦に合わせると、季節感にズレが生じてしまう。もともとは古代中国から流入した季語だっただけに、当時の日本の季節には合わない季語も多かったのは当然のことだ。江戸時代に入り、日本独自の季節感を現す言葉に変わったことで、ようやく言葉と季節に整合性がとられるようになったが、こうした四季の移ろいを情緒的に表現しているところに、旧暦のよさがあると私は思う。

◉日本の暦の歴史

日本における暦の歴史はかなり古い。

暦は中国で発明され、朝鮮を経て日本に伝わってきたのは、6世紀中頃といわれている。暦という概念がいつごろからあったのかは諸説あるが、月と太陽の出入りから1日という概念ができあがったであろうし、月の満ち欠け、太陽の高度変化の周期、星の運行、潮の満ち引き、風の向きなど、自然の変化をつぶさに捉えながら古代人は季節の移り変わりを感じていたのではないだろうか。

もともと、暦がなかった時代は、かなりアバウトな時間や季節感だったとする説もある。時間については厳密に24時間であるとか、1分1秒という測り方はしていなかった。時間というよりも、むしろ季節感のほうに重きが置かれていたのではないだろうか。種まきや苗の植付けにはいつが適当か、収穫に適した時期はいつなのかなど、季節を感じることで食物を的確に生育することができる。エジプトなどでは、ナイル川の氾濫がいつかを把握するために洪水が起きる時季を正確に知る必要から、暦はとても重要なアイテムだったとされている。

こうした自然の特定の流れから季節感を読むのは「自然歴」ともよばれる。

自然歴については日本に限らず、他の地域でも似たようなものが多数あって、その地域ごとにそれぞれ地域限定の自然歴があったといわれている。

自然歴では、月の満ち欠け（朔望）が重要だった。これがのちに、太陰太陽暦という暦法につながっていく。

今は太陽太陰暦という、太陽の動きをもとに作られた暦だが、それでも4年に1回、2月29日と1日分多い年があるものの、これで4年に1度のズレを解消するために設けられた閏年によって解決している。

◉旧暦（和暦）の歴史

中国で作られた暦が朝鮮・百済を経て日本に伝えられ、以後、1000年以上にわたって日本人の文化・生活に定着してきた。もともとは中国で使われていた暦であったので、そのまま使うことには無理があった。そこで、江戸時代に渋谷春海らが日本人にあう暦を作った。これが「貞享歴」である。

その後、何回か改暦がなされて、天保の代に作られた「天保歴」というのが明治6年の新暦改暦まで使われる。日本人が作った貞享歴や天保歴は、いわゆる旧暦といわれるものだが、日本独自の暦ということから「和暦」ともよばれる。

和暦は、先述したように二十四節気など季節を表すのに用いられた言葉を使い、その季節の特徴などを表現した。今でも、春分、立夏、大暑などの言葉が使われているが、新暦と旧暦では20日前後のズレが生じているほか、閏月も加味されていることから、言葉と季節感が微妙に食い違っている。

このようにみると、暦を作ること自体は相当難儀な作業だっただろうし、計算も複雑だっただろうから、暦作りは専門家でなければできない大仕事だったことは、うかがい知ることができる。

◉古代日本で使われていた暦とは

蘇我氏や物部氏など、古代の有力者たちが活躍していた頃の暦は、時代からして元嘉暦《げんかれき》や儀《ぎ》鳳暦《ほうれき》あたりだろうと推測される。元嘉歴は6世紀頃、儀鳳暦は飛鳥時代から奈良時代頃に伝わったとされている。どちらも太陰太陽暦だが、一時期は併用された時代もあるという。

当時はすでに、一年が365・2467日ということは知られていた。また、メトン周期といって、19年に7回閏月を加えることで誤差が相殺されることもわかっていた。メトンとは、古代ギリシャ時代のアテナイの数学者で、19年と235朔望月が一致することをみつけた人だ。つまり、太陰太陽暦1年は365・2421947日×19＝6939・601686日、235朔望月は29・530589日×235＝6939・688415日というように、ほぼ同じ数値になることがすでにわかっていた。

暦の精度を上げるために、古代の人たちは星座や惑星の運行を見て、その都度、改暦をしてきたのである。

このような歴史を経て、6世紀になって日本に暦が入ってきた。

◉暦から読み解く数字の世界

暦は、中国では皇帝が作り、民に頒布していた。暦を作るということは当時、天を支配することと同義であった。つまり、暦は権力の象徴とされていた。そして、天を支配する皇帝が作った暦を使い、人々は農耕などをするうえで欠くことのできない生活のツールとして利用していたのだ。

こうしたことから、暦には常に精度を求める必要があった。正確さがあってこそ皇帝は天を支配していると人々に思わせる力を得られるわけだから、作った暦が間違いだらけでは人々が暦を信用しなくなる。ひいては、皇帝への信用の失墜にもつながりかねない。そこで暦を作った人々は、何度か改暦をしている。それだけ、正確な季節（数字）を追ったであろうことは想像できる。

こうしてみると、二十四節気、七十二候という、季節をより肌で感じられるような天文歴象を残した古代人たちの知識と教養、そしてあくなき探求心には脱帽する。

二十四節気の一節をさらに三分割したものが七十二候である。古代中国で作られたこの季節を細かく観察し、それを短文形式で書き留めた七十二候は、日本でも何度かの改暦ののち、固まっていったとされる。

このような暦は、日本では天文学博士という限られた人々だけが知り得た重要な情報であった。平安期に活躍した陰陽師の安倍晴明も、暦作りや天文・気象の観測などの仕事についていたことで知られている。暦作りは複雑で、毎年、同じものができるわけではないことから、その作成も大変なものだった。

旧暦の難しいところは、先述したように閏月（もしくは閏日）をいつ、どこで入れるかということにある。問題はこの閏月（もしくは閏日）をどのような方法で入れたのか、ということだ。日本では渋川春海が貞享歴を作って以降、天文学博士たちが応用し、かなり精密な計算をして閏日などを的確に入れていたようだ。

新暦になった現在の暦は、効率的かつ正確さでは類比するものはないとされている。１５８２年にローマ教皇グレゴリウス13世がユリウス暦を改良して制定したこの暦は、今なお色あせることなく、世界中の標準暦となっている。

しかし、正確無比といえない部分もある。４年に１度、閏日を入れて調整する必要があるからだ。厳密には、秒単位でズレが生じているのだが、それだけ暦を作るということは難儀な作業であるというのが、これまでの暦の歴史からもよくわかる。

ただ、マヤ文明しかり、古代エジプト文明しかり、天体の動きを捉え、それを地上に落とし、神に敬意を払っていた事実は消え去ることはない。

ここに、私がこれまでも述べてきているように、正確な時間を日本人も測っていたけれども、その時代は江戸や飛鳥ではなく、もっと古い神話時代より脈々と一部の人々に伝わってきたのではないだろうか。

占術とは何なのか

◉占術の目的

占いとは一般的に解すると、人の将来の運勢や吉兆などを予想することにある。身近なところでは、自分のこれからの運勢のほか、恋愛運、家族運、金運、仕事運、健康運など、様々な場面において占いが利用されている。より正確な暦を使うことによって、占いの精度も高まったといえる。

テレビやネットなどでも、毎日のように生年月日による星占いなどが掲載されているので、自分の誕生日と照合すると、今日の運勢がすぐにわかる時代となった。

じつは私も、頼まれれば占術を行うことがある。もちろん対価をいただくことは一切ないが、これが存外に的中すると知り合いの間ではちょっとした評判になっている。私の場合は、天体の論理、算命学、四柱推命、九星気学、さらに西洋占星術などをベースに、独自の理論に基づいて行っている。色々な占術のいいところ取りをした、いわばオリジナル占術といってよいかも知れない。それがなぜ当たるのかは、読者の想像にお任せする。

ここで、時代を遡って古代の占いに目を転じてみよう。古代の占術は現在とはその考え方や性質にいささか違いがあったようだ。古代ではおもに自然に関係した占いが多く、季節の移ろいを正確に知ることにより田畑に種子を蒔く時期や、実りの収穫の時期、定期的に雨季や乾季などをはかり川の氾濫などを予測するためなど、生活に絶対的に必要であることから用いられていた。自然を受け入れ、上手に田畑を耕し、実りある収穫をするうえで、自然の驚異や季節の移ろいを知ることは人の生死に関わる重要な要素であった。

これは国や地域に限定されることではなく、どこの国や地域でも行われていたことだ。こうした流れから生まれたのが、自然崇拝だったりするのだろう。

◉暦、そして数字で日本を測る

さて、最初のこの章では占いや暦を中心に紹介してきた。なぜ占いや暦なのかというと、次章の基本的な考え方を知ってもらうためにどうしても必要だからである。

じつは、日本という国が、いかに精度の高い数字と方位、角度などで表されているのか、というのを知ってもらうための、いわば〝前菜〟が本章である。

占いと暦、どちらにも共通しているのは「時間」あるいは「時」を知る、ということだ。時を知ることは、古今東西を問わず、人間の営みにとって大変大事な要素である。それは本章ですでに紹介した通りである。

では、その「時間」もしくは「時」は、日本ではどのようなかたちで残っているのか。否、時間を体現するという行為そのものが、日本という国を知るうえで大変重要なファクターなのである。

次章で、日本という国がいかに精度の高い数字と方位、角度などで表されているのかということを、具体的にみていく。

第2章

数字でみる日本

日本という国の位置

◉日本を緯度経度で表わす

現在の日本は、四方を海に囲まれ、次の４つの位置で示すことができる。
最東端：**南鳥島**（東京都 北緯24・16・59／東経１５３・59・11）
最北端：**択捉島**（北海道 北緯45・33・28／東経１４８・45・14）
最西端：**与那国島**（沖縄県 北緯24・26・58／東経１２２・56・01）
最南端：**沖ノ鳥島**（東京都 北緯20・25・31／東経１３６・04・11）
離島を含めたり、国の許可なしに民間レベルでは行けない場所を入れると上記のようになるが、日本の領土内としてみると、これらを最端とし、東西に約３０００km、南北に約３０００kmとなり、国土面積は約37万８０００平方kmという数値で表すことができるのが、一般的にみる日本である。

日本を緯度経度で示すと、経度的には東経１２０度から１５０度の間、緯度的には北緯20度から45度の間に位置する。

経度緯度それぞれの中心は、東経135度、北緯35度になる。

東経135度には和歌山や奈良、京都など、日本史のなかで重要な地域が含まれている。

一方、北緯35度は、西では島根県の大田市や江津市から、東は千葉県館山市までの一帯が該当する。

ご存じの方も多いと思うが、北緯35度というのは、いわゆるレイラインとよばれる一帯といわれる。冬至と夏至の太陽の軌道にそって、有名な寺社やパワースポットが並んでいるとする地域だ。

西は島根の出雲大社から東は千葉の玉前神社まで直線をひくと、直線上に数多くの寺社が並ぶ。実際に北緯35度ラインは、歳差運動によって若干のズレが生じているため、レイラインはズレが生じているのだが、これについては後述する。

さてこのように、日本という国は東西にも、そして南北にも、興味深い要素があることがわかる。

◉東経135度ラインは世界的にみても稀有な存在

ここからは日本の凄さを数字を用いて追っていこうと思う。

まずは東経ライン。先述したように、東経135ラインは歴史的によく知られた場所を示す。

奈良や京都など日本を代表する古都の主要な神社仏閣はほぼ135度ラインにすっぽりおさま

っているほか、空海開山の高野山、最澄開山の比叡山などといった密教系の寺院もすべてこのライン上にあり、和歌山の熊野三山もこのラインに入る。

世界的にみても、東経135度は調査研究する価値の高い位置といわれる。

歴史学者の故・村山節氏が公表した文明移動説は有名だが、1952年に東京大学理学部での講演で氏が発表した理論のポイントは次の五つ。

①地球文明は大きく「東洋文明」と「西洋文明」にわかれる

②800年周期で東洋・西洋の各文明が入れ替わっている（移動している）

③文明交代期には世界史が激変する

④1975年〜2075年に大転換期が起こる

⑤次は新アジア文明が興隆する

800年周期で文明が転換してきたという理論だが、じつは不思議なことに、文明が変換してきた地域をみると、地軸を中心にして、ある一定の角度（22・5度）で移動していることがわかっている。22・5度というと、円は360度だから、その16分の1に相当する。ちなみに地軸のズレである23・4度とは約1度違いである。

④の2075年までに大転換期が起こるとあるが、この時期に起こる地域を見ると、東経135度ラインが上がってくるといわれている。現在から数えておよそ60年の間に、東洋文明の隆盛が起こるというのだ。

その後、文明は再び西洋文明が隆盛を誇り、東洋文明は発展前の停滞期に入る（2―1）。

❖2-1　文明の隆盛

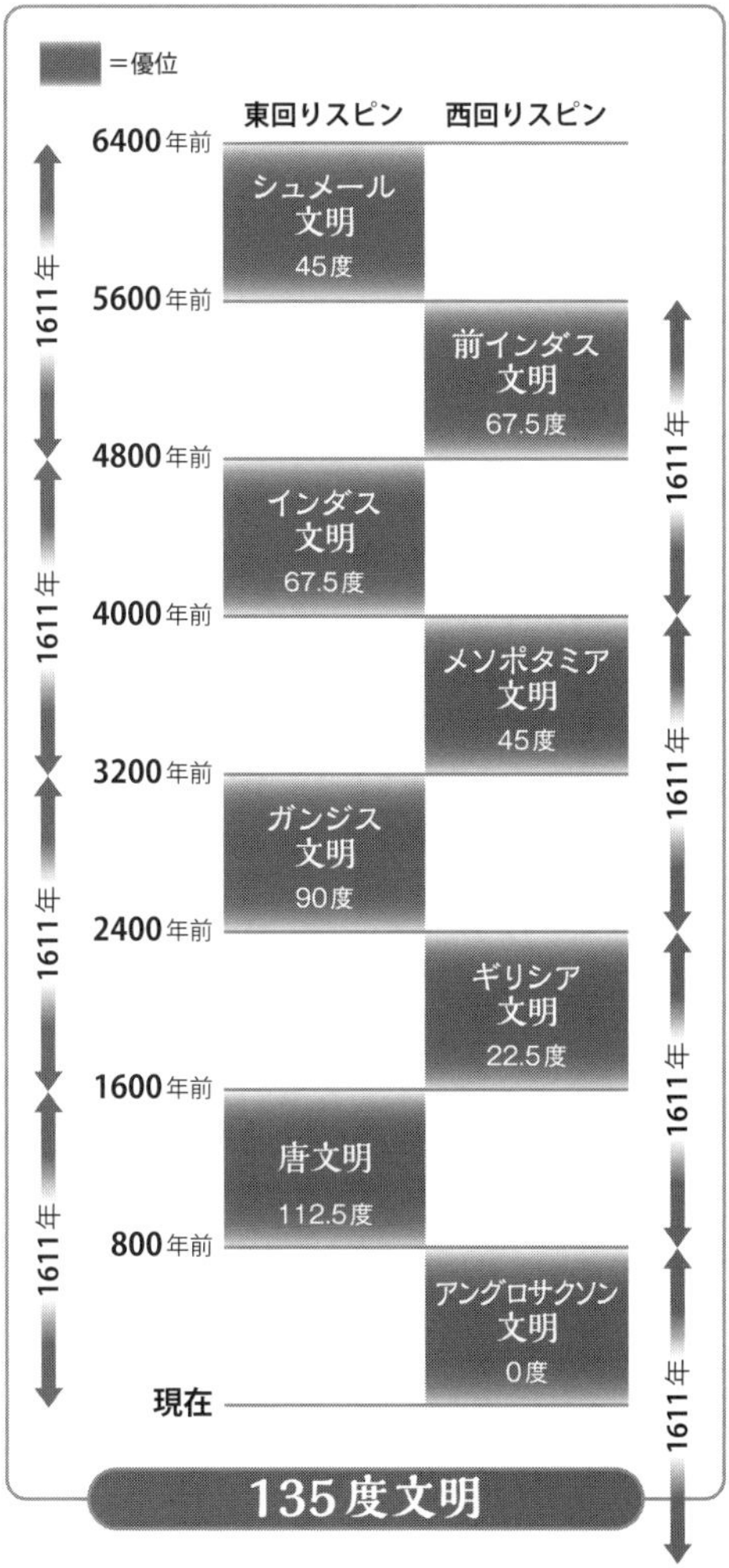

また新たな文明の始まりが起こりうるならば、まぎれもなく東経135度ラインなのだそうだが、いずれにせよ興味深いラインであることは間違いない。

◉東経135度の意味

では、この東経135度ラインが、歴史・文明などの発展に大きな影響を与えているとして、具体的にどのような地域なのか。そこで、東経135度ラインをもう少し詳しくみていこうと思う。

このライン上を調べてみると、想像以上の数の寺社が配置されていることがわかる。配置というと意図があるような印象を与えるが、じつは、東経135度44分と47分上には特に主要な寺社が集中しているのである。

たとえば、47分ライン上をみてみると以下のような寺社があることがわかる。

◆東経135度47分付近

平城京大極殿　北緯34・41・38／東経135・47・39
朝貴神社　北緯33・27・02／東経135・47・43
橿原神宮　北緯34・29・18／東経135・47・09
入鹿神社　北緯34・30・43／東経135・47・07
薬師寺　北緯34・40・06／東経135・47・03
唐招提寺　北緯34・40・32／東経135・47・05
神功皇后陵　北緯34・42・23／東経135・47・06
伏見稲荷神社　北緯34・58・01／東経135・46・24
八坂神社　北緯35・00・13／東経135・46・42
平安神宮　北緯35・01・00／東経135・46・56

など。
続いて、44分上をみてみる。

◆東経135度44分付近

京都二条城　北緯35・00・50／東経135・44・51
京都御所　北緯35・01・31／東経135・45・44
法隆寺　北緯34・36・53／東経135・44・03
中宮寺　北緯34・36・53／東経135・44・22
鹿苑寺（金閣寺）　北緯35・02・21／東経135・43・45
東寺　北緯34・58・49／東経135・44・51
など。

右記はほんの一例にすぎないが、これだけ集中している地域は日本全国をみても類例がない。じつは全国のなかでも、この東経135度ラインは異常なほど寺社数が多いのだ。大和朝廷から数えて、平城京、平安京、藤原京など日本の都が置かれていた場所でもあり、武家社会になって以降も天皇の居住する御所が存在していた、日本人のいわば精神的な原点ともいえる地域である。

この、東経135度47分や44分ラインについて、私は以前、検証を試みた。そして、個人的には47分は地勢的あるいは地理的な日本の中心を示し、44分は時間軸だという結論を導き出した。

47分上の最南部は和歌山の串本にあり、そこからラインを北上させると、上記のような寺社が数多乗ってくる。このラインを中心にして、富士山にかかるように東西にラインを引くと、東は千葉、西は島根の出雲になる。つまり、本州のちょうど中間地点にあたるのである。

◉44分ラインの意味

さて、ここで44分という経度ラインを再考してみる。

今までの流れだけでは何のことかわからないだろうから、もう少し視野を広げてみよう。

まず、東経135度ラインから一旦離れて、富士山の久須志神社に目を転じてみる。ここを起点にして、他の関東地域の44分ラインをみてみると次のようになる。

富士山の久須志神社のある東経138度44分を軸にしたとき、同じように44分ラインを軸にとってみるとわかりやすい。

これまでみてきたように、経度44分ラインをみると、東端は東経140度44分の猿田神社、139度44分ラインは、川崎大師などが乗る。

以下、44分ラインをみていく。

◇東経140度44分

猿田神社

❖2-2　主な経度44分ライン

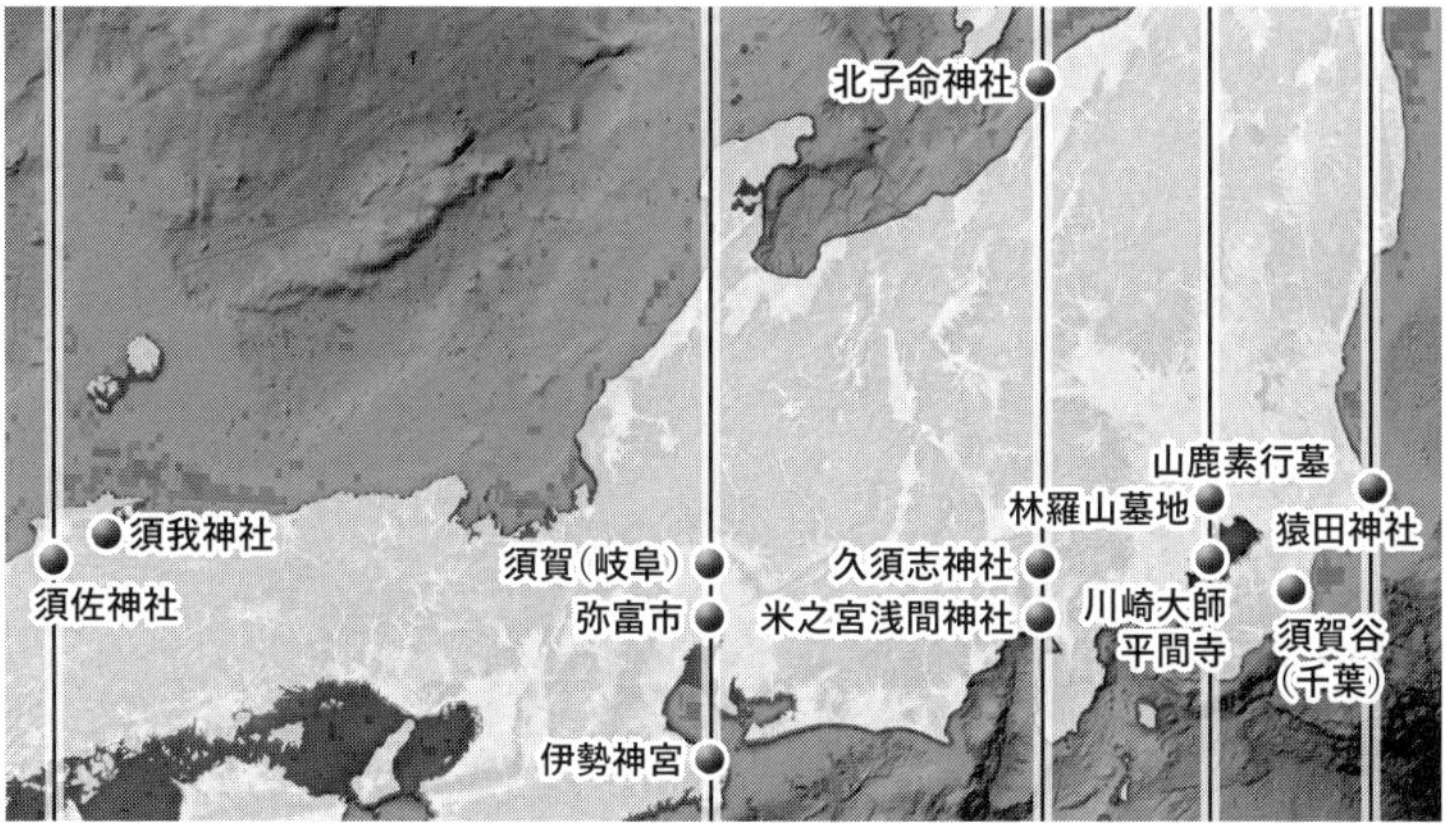

◇東経139度44分
川崎大師平間寺
林羅山墓
山鹿素行墓
大塚先儒所

◇東経138度44分
久須志神社
北子命神社
米之宮浅間神社

◇東経136度44分
伊勢神宮

◇東経135度44分
法隆寺

◇東経132度44分
須佐神社

これを図解にしたのが（2―2）である。44分ラインをみると、東から西にかけて、じつにきれいに並んでいるのがわかる。

ここで気づかれた読者も多いだろうが、伊勢神宮から出雲の須佐神社までの44分ラインが引かれていない。じつはここに、ある仮説を立てる要因が隠されているのだ。

◉猿田神社について

もっとも東に位置する44分ラインの猿田神社は、猿田彦命（サルタビコノミコト）が主祭神として祀られている。サルタビコノミコトは、ニニギノミコトが天孫降臨をする際に、地上である葦原中つ国で道案内をするために待ち受けていた異形の神である。このようなことから、今では交通安全の神として知られているが、道案内をする、つまり、方向を間違いなく誘導するという意味が込められている。

ちなみに、猿田彦神社から北へまっすぐに同経度を追っていくと、青森の久須志神社にあたる。

久須志神社　北緯40・49・12／東経140・43・49

青森の久須志神社の由来を調べると、以前は薬師堂といわれていたらしい。現在の祭神は、大名持命（オオナムチノミコト＝大国主命［オオクニヌシノミコト］と同神）、少彦名命（スクナヒコナノミコト）だが、明治3年の廃仏毀釈の関係から、今の祭神になったとある。

スクナヒコナノミコトは、オオナムチノミコト（オオクニヌシノミコト）を補佐し、国造りに貢献したとされる高天原の神で、穀物の神であると同時に、病魔を払いのけたことから医薬の神としても知られる。

創建は江戸時代ということなので比較的新しいが、私が注目したのは、かつては薬師様が納められていたということ、久須志という地名の由来、現在の祭神がオオナムチノミコトとスクナヒコナノミコトであることなど、どれもスサノオに関係している。これにはとても興味を抱いた。

薬師は「くすし」とも読める。薬師《くすし》の当て字として「久須志」となったのではないだろうか。もしそうならば、富士山の久須志神社の場合と似ている。富士山の久須志神社もかつては薬師神社だったといわれている。何か奇縁を感じずにはいられない。

◉ぞろ目経度ライン

では、44分以外のぞろ目ラインではどうか。調べてみると、面白いことがわかった。

まずは以下をみてほしい。

◇東経１４０度22分あたり

玉前神社（千葉県長生郡）　北緯35・22・34／東経１４０・21・37

貝須賀鹿島神社（総社鹿島宮）（千葉県いすみ市）　北緯35・14・14／東経１４０・23・31

八坂神社（千葉県いすみ市）　北緯35・14・15／東経140・23・4?

◇**東経139度44分**

皇居　北緯35・41・07／東経139・45・10

川崎大師　北緯35・32・04／東経139・43・46

日枝神社　北緯35・40・29／東経139・44・22

林羅山墓地　北緯35・42・01／東経139・43・42

大塚先儒墓所　北緯35・43・23／東経139・43・43

佐藤一斎墓　北緯35・39・48／東経139・43・53

豊川稲荷（東京別院）　北緯35・40・35／東経139・43・58

市ヶ谷亀岡八幡宮　北緯35・41・33／東経139・44・01

出雲大社東京分祀　北緯35・39・44／東経139・43・43

◇**東経139度33分**

源頼朝墓所　北緯35・19・34／東経139・33・40

鶴岡八幡宮　北緯35・19・34／東経139・33・23

元鶴岡八幡宮　北緯35・18・46／東経139・33・09

◇**東経139度22分**

寒川神社（神奈川県）　北緯35・22・46／東経139・23・00

四ノ宮　前鳥神社　北緯35・21・25／東経139・21・52

◇東経139度11分

瑞雲寺　北緯35・18・38／東経139・10・49

須賀神社（小田原市上曽我）　北緯35・18・38／東経139・10・50

曽我山　不動山　北緯35・18・59／東経139・11・51

宗我神社　北緯35・18・26／東経139・11・12

酒匂神社　北緯35・16・06／東経139・11・09

◇東経139度00分

箱根神社　北緯35・12・17／東経139・01・31

◇東経138度55分

三嶋大社（静岡県三島市）　北緯35・07・20／東経138・55・07

源頼家墓所（静岡県伊豆市）　北緯34・58・09／東経138・55・42

北条時政墓地（静岡県伊豆の国市）　北緯35・02・44／東経138・56・25

三峰神社　北緯35・55・31／東経138・55・49

◇東経138度44分

久須志神社（富士山山頂）　北緯35・21・56／東経138・43・58

◇東経138度33分

曽我八幡宮　北緯35・21・54／東経138・33・30

神馬の滝　北緯35・21・58／東経138・33・39

◇**東経138度11分**
善光寺　北緯36・39・42／東経138・11・15
◇**東経138度00分**
長野　福満寺　北緯36・28・10／東経138・01・16
◇**東経136度55分ライン**
熱田神宮　北緯35・07・38／東経136・54・31
◇**東経136度44分ライン**
伊勢神宮　北緯35・27・18／東経136・43・30
津島神社（愛知県津島市）　北緯35・10・42／東経136・43・07
◇**東経135度44分**
京都二条城　北緯35・00・50／東経135・44・51
京都御所　北緯35・01・31／東経135・45・44
法隆寺　北緯34・36・53／東経135・44・03
中宮寺　北緯34・36・53／東経135・44・22
京都船山　北緯35・04・03／東経135・43・55
鹿苑寺（金閣寺）　北緯35・02・21／東経135・43・45
東寺　北緯34・58・51／東経135・44・52
◇**東経135度33分**

杭全神社《くまたじんじゃ》（大阪市平野区）　北緯34・37・44／東経135・33・17＊杭全神社の第一本殿の祭神はスサノオである。

◉ぞろ目ラインが示すもの

実際に、こうした日本におけるぞろ目ラインは何なのだろうか。

じつは、私が問題にしているぞろ目とは単なる経度を示す測量値にすぎない。なぜぞろ目なのかとか、ぞろ目にどのような理由があるのかといったことが問題ではなく、ぞろ目の経度に配列された寺社等は、なにゆえにこのような精度の高い配置がなされたのかということだ。

別の機会に触れるが、じつはこれらのぞろ目の経度ラインは、九州までずっと並んでいる。経度だけでなく、緯度についても同じである。ただし、九州の場合、本州と違って、経度ラインと同時に、緯度ラインにも何か意味があると思わせるのだが、これを解明するには、さらなる検証が必要だ。

◉経度は時間軸という推論

私は以前からある仮説を立てていた。それは、「このぞろ目ラインは、いわゆる時間軸を示そうとしているのではないのか」というものである。

経度のぞろ目は、00、11、22、33、44、55の6つのラインになる。55と00の間をとる方法はいくつかあって、もし60進法による計算ならば、55と00の間は5になる。55進法をとると、55

＝00となる。

しかし、55と00の間を10あるいはそれ以上とることも可能である。たとえば、65進法ならば10の間隔を置いて65になったら00になる。あるいは、他の数字の間隔と同じく、11を入れて66進法にする方法もある。

ここで大事なことは進法云々が問題ではなく、ぞろ目の軸が重要なのか、ということだ。そして、これまで検証を繰り返し行ってきたところでは、私は11、44、55の3つが重要な軸だと考えている。

では、この3つのラインを中心に、どのような理由があってこうしたぞろ目ラインに寺社等を配置したのだろうか。

そこで私が考えたのは、おそらく「時間」もしくは「時」ではなかったのかということである。なぜかというと、いくつか気になる個所がこのライン上に配置されているからである。たとえば、東経135度44分には、貴船神社がある。

貴船神社の祭神は、雨乞いの神である高《たか》おかみの神と闇《くら》おかみの神で、雨乞いなど水を司る神として知られている。当社名の貴船という名称からは、船すなわち航海に関しても縁がある。貴船神社の創建は不詳だが、航海に関する寺社であることや、水に関する祭神が祀られていることから、季節や方位などに関係していると考えたのである。

もうひとつ、このラインには法隆寺がかかってくる。「時」というキーワードで追ってみると、国宝である西円堂《さいえんどう》には、「時」を伝える鐘楼が設置されている。

各地の寺社には、こうした鐘楼があって、自由に鐘をつけるところもあれば、一般参拝者は厳禁というところもある。

この西円堂は後者のほうで、一般の人は鐘つきはできない。近くに「時の鐘ですからつかないでください」という看板が掲げられている。その代わり、毎日8時、10時、12時、14時、16時の計5回、時を告げるために鐘がつかれている。文字どおり「時を告げる鐘」だ。

この西円堂は、三角縁神獣鏡といった古来鏡など数多くの銅鏡が収められているというが、もうひとつ気になるのは薬師如来像が安置されていることだ。さらに、この寺は藤原不比等の妻である橘三千代の発願で建立したことも、気になるといえば気になる。藤原氏については、ここではあまり深く語らないが、私的には奇妙な縁と感じざるを得ない。

◉時間軸の中心はどこか

ところで、三角形や円などの図形もそうだし、イラストを描くにしてもそうだが、何かを描く場合、いきなり清書するのはリスクが大きい。よって、下書きをするか、あるいはアタリをつけるのが一般的だろう。

この理屈でいけば、時間軸もいきなり線を引くなどといったことはなかったはずだ。まずは中心点を決めたのではないだろうか。

ではいったい、時間軸の中心はどこなのだろうか。

まず私が目をつけたのは、東経135度44分ラインである。

貴船神社や法隆寺など、「時」や季節に関係している寺社という意味でこのような推測を立てたのだが、東経135度44分ラインを時間軸の中心にすると、いくつか解せない点も出てくる。

一つは、東経135度から西について、ぞろ目の経度ラインには目ぼしい寺社などが乗ってこないということ。もう一つは、時間の中心軸をとるのであれば、人間の創造した人工物ではなく、自然物が対象ではないのだろうか、と。

さらに、人知が及ばず、日本人の歴史的、精神的な象徴という意味で考えたとき、いったい何がそれを象徴するものだろうか、という点である。

そこで今一度、東経44分ラインをくまなく探ってみた。すると、ひとつだけ条件に合致する存在があることがわかった。富士山である。

ここで、富士山の久須志神社について、もう一度おさらいしておく。久須志神社の緯度経度は以下のとおりである。

久須志神社（富士山山頂） 北緯35・21・56／東経138・43・58

ここを時間軸の中心と考えると、意外にすんなりと受け入れられる要素がいくつかある。一つは、先述したように、まず富士山は日本の象徴であるということ。二つには、もっとも高い山を基準にしたのではなかったか、ということだ。

では、「時間軸の中心」とは何なのか？

◉「時間を追う」とはどういう意味か

緯度経度を知るうえで基本的な数値を表すと、日本の緯度35度上では経度1度は90km、時差は4分になる。経度1分の違いは、距離にして1514m、時差にして4秒だ。ちなみに経度1秒は距離にして25・245mの違いがある。

これを踏まえて、富士山の久須志神社がある東経138度44分を中心にみてみよう。富士山の138度44分を中心に、西に137度44分、136度44分、そして、135度44分、東に139度44分、140度44分という軸を刻むと仮定する。たとえば、富士山が正午だったとすると、これらは厳密に同一の時間といえるだろうか。

富士山は東経138度44分であると、東京（赤坂）は139度44分で距離にして約90km、時差は＋4分になる。また、猿田神社（千葉）であれば、140度44分であり、富士山からの距離は180km、時差は＋8分になる。こうしたズレが生じているということを踏まえて正確な時間を考えることが必要だ。

こうして、富士山を中心にすると、東経138度以東の139度、140度も上記の時間差などを踏まえると正確な時間が測定できるし、138度以西の137度から135度までの測定もできる。富士山を中心に据えることで、東西の軸を追うことが可能になる。

だとすれば、東経135度44分を中心にしてもいいだろうと思われるが、ここが難しいところである。１３５度44分を中心にすると、以東は測定できるが、１３５度から１３２度までの間隔で軸を立てることが難しい。つまり、時間軸を正確に測ろうとすれば、ある一定の間隔で刻むことが必要になる。

ところで「時間軸」と称しているのは、何か。じつはこれが、この章の肝といえるものだ。私の推測だが、古来、日本に到来した人々が押さえていった刻印ではないだろうか。時間を押さえる、これは簡単なようでいて難しい事業である。そもそも時間という目にみえない事象を地上に落とすわけであるから、常人では想像もできないことだったろう。

手順は以下のようであったと推察される。

まず、中央をとる。ここでいう中央とは、富士山（久須志神社）である。東経１３８度43分（ほぼ44分）を中心にとり、そこから1度ずつ東西に刻印を押していく。

最初は1度ごとに、西は東経１３５度まで、東は１４０度まで経度44分刻みで押さえる。

こうして時間の基軸を押さえたのち、今度は44分以外の軸を刻む。このとき11分、55分などが基軸になったのではないだろうか。もちろん、22分や33分なども刻んだだろうが、細かく刻んでいけばいくほど、1分1秒という時間の精度は上がることになる。

ではいったい、古代の人々はどうしてこのような刻み方をしたのだろうか。

これも推測だが、時間という概念を地表に反映し、そこから時間の感覚を取ろうとしたのではないか。あるいは、時間という漠然としたものを具現化するには、何かで表現しなければならないので、かたちに残そうとしたのかも知れない。

真意は掴めないが、1分1秒と刻むことで、目には見えない時間という概念を、より正確に感じ取ろうとしたのであれば、納得もいく。

そしてもう一つ大事なことがある。正確な時間を追うということは、過去、現在、未来を知ることにつながるということだ。

第1章でも述べたが、占いとは、正確な時間、正確な暦、正確な天体の動きが求められる。地球の正確な時間を測定するには、宇宙全体の普遍的な動きを知る必要がある。こうした天体の動きを正確に把握することなしに、地球上に住んでいる我々人類の過去、現在、未来というものはみえてこないということだ。

つまり、地上に刻んだ時間軸とは、すなわち宇宙の動きを具現化したものといえる。

では、東経138度44分を中心とする関東地方は、いったいどのようなエリアといえるのだろうか。次章でみていくことにしよう。

第3章

数字でみる関東

関東エリアの不思議

◉関東とはどんなエリアか

南北に約110km、東西に約140km、面積にして約1万7000平方kmを有する、日本最大の平野がある関東地方は、関東ローム層とよばれる地層に覆われている。関東ローム層とは、富士や箱根、榛名、日光といった関東平野を取り囲む山々の火山灰が堆積・風化してできた赤褐色の土層である。この土層が平野全体を覆い、洪積層の大宮・武蔵野・相模原などの台地や100~200mの丘陵、そして利根川・荒川などに沿う低地を形成している。

決して肥沃な土地とはいえないこの地が、急速な都市計画などによって河川が整備され、田畑が広がるようになる。そして21世紀の今、日本の農業を支える一大生産地として全国に知られるようになった。

関東という括り方は色々あるが、一般的には東京、埼玉、千葉、神奈川、栃木、群馬、茨城の一都六県を指す。行政区分ではこれに加えて、山梨、長野、静岡、新潟の4県を含めて、広域関東圏という区域割りをするようだが、本書では一都六県という括り方で統一する。

さて、江戸時代の関東地方は、武蔵国（東京、埼玉、神奈川の一部）、相模国（神奈川の大部分）、上総国（千葉県中部）、下総国（千葉県北部、茨城県南西部、埼玉県東辺、東京都東辺〔隅田川東岸〕）、安房国（千葉県南部）、上野国（群馬県）、下野国（栃木県）、常陸国（茨城県の大部分）の八国を指したことから、関八州ともよばれた。関八州は、徳川家の重臣、縁故など、有力な大名が藩を置いていたことからもわかるように、江戸城を警護するうえでの主要地域であった。

関東の地形は家康入府のときは、河川が入り乱れていた（3―1）。太田道灌が江戸城を築城した1400年代当時は、現在のような地形ではなかったといわれる。江戸城にいたっては、陸伝いではなく、東京湾を経由して海路で石垣などに使われた石材を運搬したとある。

❖3-1　江戸時代前の江戸（海岸線）

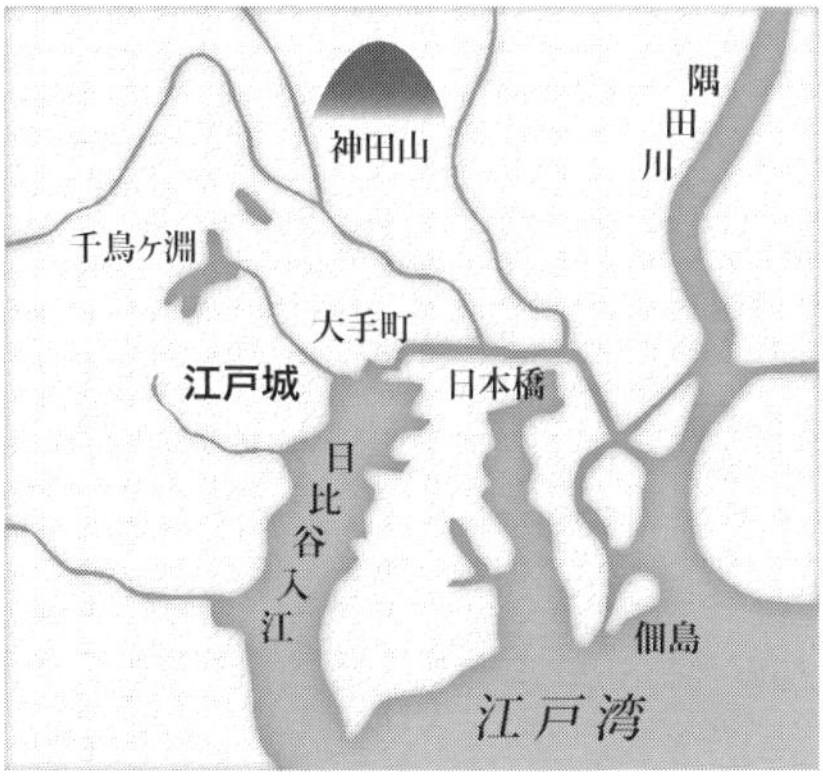

さて、関東の発展を紐解くと、古代にまで遡ることができる。埼玉県や群馬県には前方後円墳が点在するが、前方後円墳が造られた時代はヤマト王権時代といわれる。古代はご存じのように、いくつもの国が共存共栄していた複合国家社会だといわれているが、そのなかの一つ、ヤマト王権が関東地方にも痕跡を残している。

江戸は、江戸氏の所領だったところからその名がついた。太田道灌が江戸に入って城を築き、それから百数十年後に家康が江戸に入府した。

江戸の造りについては四神方位をベースにしているという説は有名な話だが、私が調べたところでは、四神だけに限ったことではなく、江戸は数字的にも卓越した造りをしているといえる。

ちなみに、徳川家康が入府したときの関東・江戸は湿地帯だったといわれる。利根川や荒川、多摩川が流れ込み、とても人が住めるような乾地ではなかったようだ。

当時の江戸は荒れ地で、おまけに農業に不向きな低湿地帯であった。

家康に江戸入りをすすめたのは秀吉といわれている。資料によれば「ここもかしこも潮入りの芦原」とあるように、戦国武将の雄が拠点とするには不向きともいえる場所だった。しかし一方では、入江を利用し、海上交通や商業が発展していたとされており、東国のなかでは勢いがあった地域だったとする説もある。

色々な資料を調べてみると、家康が居城するにあたって選定条件としたことは、①防御、②経済、③港湾施設、だったようである。

エネルギー源についても言及している歴史学者がいて、当時のエネルギー資源には立木が必要だった。今のように火力以外の水力や風力といった再生可能エネルギーなどを利用する技術がなかったので、もっぱら木材を伐採し、燃やして燃料として利用するのが唯一の方法だったからである。

当時、1年間に人間一人が必要とする立木は20本だったと算出した学者もいるようで、居住する人間が増えれば増えたぶんだけ立木が必要になる。利根川流域は、その大立木地帯でもあったといわれる。

それにしても、家康の入府時の江戸はひどく不整備だったようで、飲み水にも苦しんだとある。入府前の江戸は周囲を海に囲まれていたこともあり、真水を取水するには難儀な土地だったという。東京西部にある玉川上水を中心部まで引き込んだ背景には、こうした事情もあった。

また、関東流域を流れる利根川は、当初、江戸湾に流れ込んでいたが、家康が治水工事を行い、銚子の方に流れを変える大工事を敢行した。そして、流れを変えた利根川流域に腹心を配置したのである。この事業を「利根川東遷」という。家康の江戸整備事業は都市形成のための最低条件を満たすのに尽力したことが、こうしたことからもよくわかる。このようにして家康は、防御、経済、港湾という3つの要素を盛り込んだ江戸という地域を整備し、完成させていったわけである。

家康は幼少時、竹千代とよばれていた頃に今川家の人質になるが、その少し前、織田家においても2年ほど人質のような月日を過ごしていた。三河国（現在の愛知県）の岡崎城主として認知され、その後、今川家の人質になった。そして駿府（現在の静岡）に行き、そこで十数年という年月を過ごすことになる。

多感な少年・青年時代を人質として駿府で過ごした竹千代（14歳のときに元服して元信となり、その後家康と命名）は、彼《か》の地で何をみていたのだろうか。

駿府といえば、三保の松原、日本平など名勝も多いことで知られる。さらに、日本を代表する山、富士山が聳えている。家康は風光明媚で温暖な地に単身を置き、何を考え、何を思って過ごしていたのだろうか。

そういえば、家康と富士山をつなぐ、こんな逸話が残っている。関ケ原の合戦に勝利した家康は、その御礼として富士山本宮浅間大社の社殿などを造営したとある。また、家康が崩御して百数十年後、富士山の河口付近はどこの領地かという争いが起こったとき、徳川幕府は富士山本宮浅間大社の領地と認めたという。これには、家康の意向が大いに働いたとされている。

家康は、富士山に関わる案件については、相当な思い入れがあったということが断片的にわかるのだが、これも幼少期から青年期までを駿府で過ごしたからだろうか。

◉太田道灌はなぜ江戸に城を築いたのか

江戸城を初めて築城したのは徳川家康ではなく、太田道灌だということは先述した。太田道灌は室町時代中頃の武将で、扇内上杉家の家宰（家長に代わって一家を取り仕切る役、江戸時代でいう家老や、現代では執事のようなもの）として活躍した人物だ。

当時、江戸は江戸氏の領地だった。江戸という地名は、江戸氏という豪族がいたことに由来する。余談だが、現在の東京には、飯田橋（飯田氏）、渋谷（渋谷氏）など、人名が地名として残った個所が何ヵ所もある（これには諸説あり）。

築城に当たって道灌は、日枝神社など、各地の著名な寺社なども周辺に勧請した。

道灌は優れた武将で、智謀に長けており、和歌や文学を嗜み、易学にも精通していたといわれる。そんな道潅は、1486（文明8）年8月、55歳のときに暗殺されている。

太田道灌についての詳細はここでは避けるが、こうしてみると、家康入府より百数十年も前に道灌は江戸という地域に手を入れている。荒れ果てた湿地帯にも関わらず、道灌や家康は都市整備に尽力した。今の東京の礎を築いたこの二人が、東京の発展に大きな恩恵を与えているといえよう。しかし、ただ城を築き、都市を築いただけならば他の武将と同じである。この二人は、江戸城の築城について調べると、どうもそれだけではないと思われるふしがあるのだ。

◉虎ノ門とは？

さて、ここからは少し経度44分の話をするうえで、気になる点をあげてみる。

まずは江戸城。江戸城は「江城」や「千代田城」とも呼称した。

江戸城は平山城とよばれる作り方の城である。平山城とは、平野の中にある丘陵を利用して造られた城のことで、当時の江戸城は天守閣などがなく、平屋だったといわれている。現在でもお濠に道灌濠という名前が残っているが、家康が入府したときには、あまり整備が行き届いていなかったようだ。

ところで、江戸城にはいくつかの門がある。東の大手門をはじめ、北東の平川門、南東の桔《き》梗《きょう》門、南の坂下門、西の西桔梗門、北西の乾《いぬい》門、そして、北の北桔梗門だ。

そのなかで、堀端にはなく、少し離れたところに名前だけが残る門がある。それが虎ノ門になる。虎ノ門は現在、江戸城から少し離れた南側に位置する。文献等を調べてみると、江戸城築城時の地図等は残念ながら現存しないといわれているが、江戸城の初期には艮櫓（二の丸）とか、乾門などがあった。櫓《やぐら》とは、中世の戦国時代の城郭に、城を守るために防御や物見をするために作られた建物である。虎ノ門の緯度経度は以下のとおり。

虎ノ門　北緯35・40・00／東経139・44・51

虎ノ門という呼称がついた経緯を調べてみると、江戸城築城の折に白虎（西方）にあったことからその名残であるとか、虎を持ち込んだ場所だったからとか——諸説あるようだ。このほかにもいくつかあるのだが、もっとも有力なのは白虎の方角に門があったからということのようである。

虎ノ門は、１８７４（明治6）年までは現存していたが、その後、壊されたという記録が残っている。以後、現在の地に名前だけが残ったということのようだ。

さて、江戸城を調べていて解せない点もある。まず、虎ノ門という名称は、太田道灌が江戸城を築城した際に作られたものなのか、あるいは家康が江戸城再建の際に作ったものなのか、そのへんが定かではない。

これについては、調べれば色々面白いことがわかるのだろうが、私が気になっているのは、虎ノ門設置の歴史云々ではなく、虎ノ門という呼称と、その配置された方位である（3―2）。

二の丸の艮櫓があったのは「丑寅」、つまり表鬼門の方角にあった櫓である。乾《いぬい》門ができた

❖3-2　虎ノ門と皇居の位置関係

のは時代がもっと新しく、江戸城の中心から戌亥の方角にあった門なので、後世に乾門と名づけられたという。家康が江戸城築城の折は、方位をとても重視していたことはよく知られているが、道灌が江戸城を築城した際も、同じように方位を気にしていた節がある。

虎ノ門が前述したように白虎つまり西方に位置していたのであれば、江戸城の東側にある大手門の反対に位置していたはずだ。しかし、反対にあるのは西桔梗門である。もしここに虎ノ門があったとすると話は別だが、こちらには虎ノ門はなかった。

ということは、白虎の方角に虎ノ門があったというのでは筋が通らない。本来、虎ノ門は「寅」の方角にあったと考えるのが筋だろう。しかし、虎ノ門があるのは江戸城の南側である。白虎の方角にあったとする説が一般的ではあるものの、もともと虎ノ門は丑寅の方位にあったのか。「虎」という文字は、いつから当てられたのか、といった謎が浮かぶ。

こうなると、諸説のなかにある「虎を輸入してきたから……」というのも、まんざら間違いではないのかも知れないのだが、江戸城は方位にとても気を遣って築城していることを思えば、虎ノ門はやはり、寅の方角を指していたとするのが妥当だろう。

場所が現在地に移転したと考えることもできるが、虎ノ門についてはそうした資料は見当たらない。他の門について調べてみても、こうした移転を匂わせるものは何もないのである。

◉虎ノ門はどこからみて寅の方位になるのか

そこで次のように考えた。江戸城を中心にして白虎もしくは南にある虎ノ門という捉え方ではなく、江戸城以外からみて丑寅の方位に虎ノ門はあったと考えることはできないか。とすると、虎ノ門が丑寅の方角になる方位は南西の坤《ひつじさる》である。そこで、虎ノ門からその方角を辿ってみた。すると、その先にあったのは、鎌倉だった。

鎌倉は知ってのとおり、源頼朝が武家社会の礎となる鎌倉幕府を開府した地である。三方を山に囲まれ、一方は海という、まさに自然の要塞で、幕府を築くには十分すぎる地理的優位性を誇る地だ。

実際に頼朝が治めた鎌倉幕府は30年ほどしかもたなかったが、それ以後も頼朝の細君である北条政子の実家、北条家が幕府を継ぎ、室町幕府が成立するまで鎌倉幕府は存続することになる。

ちなみに、虎ノ門からみて坤の方角である鎌倉のどこを起点にしたのか、さらに詳しく調べ

❖3-3　元鶴岡八幡宮と虎ノ門

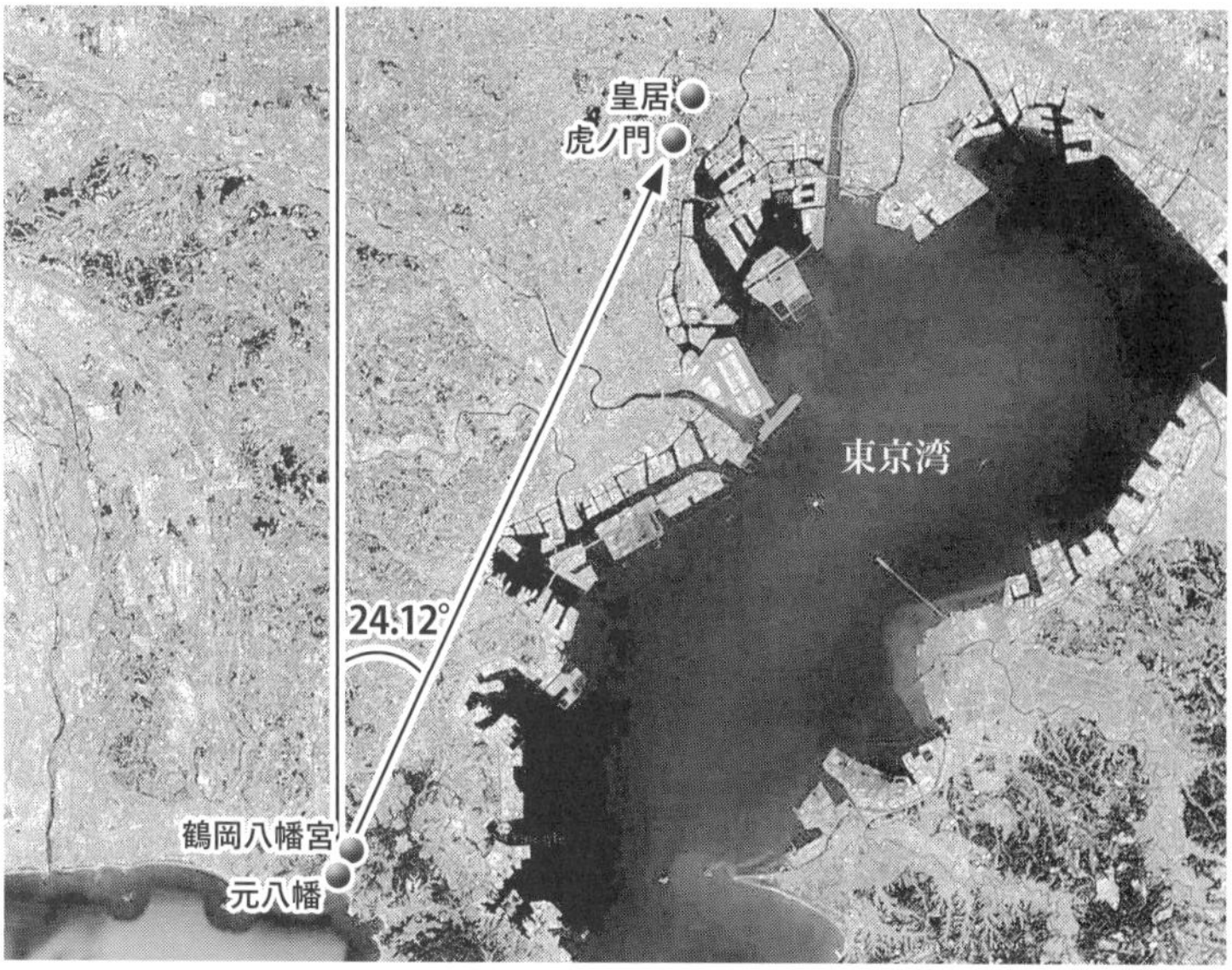

てみると、元鶴岡八幡宮が位置することがわかった（3―3）。元鶴岡八幡宮は、源氏の始祖となる源頼義とその子・義家が奥州（現在の青森県南部から岩手県、秋田県、宮城県、福島県にかけての一帯の旧称）の覇権者であった安倍氏征伐のため京都石清水八幡宮に戦勝祈願をし、安倍氏討伐ののち、鎌倉に寄った際、そのお礼として石清水八幡宮を祀ったとある。頼朝は鎌倉幕府を建てたのちに現在の鶴岡八幡宮に遷宮している。1063年に創建されたこの元鶴岡八幡宮は、いわば鎌倉幕府を象徴する最初のシンボリックな存在といえなくもない。

現在の鶴岡八幡宮と比べると規模や場所などはどれも劣るが、鎌倉の歴史の端緒となる場所だけに、非常に重要な場所といえる。じつは、この元鶴岡八幡宮を起点にして虎ノ門（皇居）方向を望むと、約23・4度の角度で寅の方角を指し示す。現在の鶴岡八幡宮も、頼朝の墓所、頼朝の住居である大倉御所あたりからも調べてみたが、もっとも精度が高かったのは元鶴岡八幡宮だった。

つまり、方位的にみると、元鶴岡八幡宮を中心にして、寅の方向に虎ノ門があった、ということになる。

とはいえ、鎌倉を起点にした意味は判然としないが、太田道灌が江戸城築城の折、何か関わりがあったとみてとれなくもない事象がある。というのは、太田道灌の出自は、鎌倉守護職の上杉氏の家臣なのだ。これだけで、「鎌倉に縁が深かったから」と考えるのは浅薄ではあるが、鎌倉を起点にしていたとすると、「虎ノ門」という名称をつけた意味に合点がいく。

太田道灌にせよ、家康にせよ、これだけ精緻な設計をした江戸城にも関わらず、虎ノ門という名称を付した経緯は今なお疑問が残る。

◉風水を駆使した関東エリア

太田道灌の死後、しばらく歴史の表舞台から姿を消していた江戸城が再び脚光を浴びるのは、徳川家康が江戸幕府を開府したことによる。そして、江戸城を拠点にした街造りを行うわけだが、その際、風水的なものを参考にしたという説をよく聞く。

風水とは気の流れを読み取り、操り、活用する術である。古代中国や朝鮮などでは、都市形成に風水を活用していたことはよく知られている。

日本に風水が伝わってきたのは飛鳥時代といわれる。徳川家康の側近として知られる天台宗僧侶の天海上人がいずれかで風水を学んだとしても時代的に齟齬《そご》はない。

江戸は龍脈として非常によい環境にある。広範におよぶ関東平野、そして関東平野を北西から北東にかけて囲むように関東山地などがあり、南側には太平洋という大海原が望める。坂東太郎という別称がある利根川が南北に延びる。風水的にこれほど整ったロケーションはない。

先述したように、江戸時代初期は、現在の地形とはだいぶ違っていて、銀座や八重洲付近まで入り江になっていた。江戸城築城の折、石材や木材などの運搬に、入り江や河川を利用したことが歴史書にも記されている。また、城の土台とした石垣の石材は、駿府（静岡）から船で運び、その後、埋め立てをして、現在のような地形になったとある。

こうしてみると、規模の上では江戸幕府のほうが地理的にも広大だが、鎌倉同様に、南に港湾を擁し、周囲を山に囲まれた地形で、さらに南北に河川があるという点においては、類似点も多い。龍脈などの風水的な利点だけでなく、戦国時代であれば守勢も考えなければならないとすると、江戸城の築城は十分な考慮のもとに造られたといっていい。

こうした風水的な観点に加え、江戸城を守護するために、城を中心として、鬼門（東北）には神田明神や上野寛永寺、裏鬼門（西南）には日枝神社や氷川神社、北には日光東照宮、南には増上寺を配している。日枝神社など著名な神社は、先述したように、太田道灌が勧請したといわれているが、江戸城築城は、太田道灌と徳川家康双方にとって並々ならぬ思い入れがあったことがみてとれる。

◉日光東照宮と江戸城

家康は亡くなってすぐに駿府にある久能山東照宮（静岡）に埋葬される。その1年後、遺骸は久能山から現在の日光東照宮（栃木）に移送された。

日光東照宮は家康の墓所としてだけでなく、歴代将軍の墓所としても知られる。これはあるの話のようだが、日光東照宮の鳥居は江戸を向き、本殿は鎌倉を向いているという。天海が家康の遺訓を汲み、江戸と鎌倉を見据えていたというのだ（3―4）。日光東照宮を介して、江戸、そして鎌倉とのつながりが浮き彫りになってくる。

先の虎ノ門ではないが、ここからみえてくるのは、日光東照宮、江戸、そして鎌倉が関連している点にある。

日光東照宮の本殿が鎌倉を向いているのは、いったいなぜだろうか。

家康の遺骸が日光に移送されたのは、亡くなってから1年経ってからのこと。家康を久能山から日光東照宮に移した当時の筆頭は、家康の息子で2代将軍秀忠であった。移送後、現代のような荘厳な造りになったのは、3代将軍家光の頃である。家光の時代に今の本殿や鳥居ができ上がったとして、家康が勅命していたのかどうかはわからない。しかし家光が、家康もしくは天海上人の意向もないまま、自分の思惑だけで本殿を鎌倉、鳥居を江戸に向けたりするであろうか。

江戸時代、一時、家系図作りが盛んに行われた時期があり、侍たちの間でも自分の出自に箔

❖3-4　日光東照宮と皇居

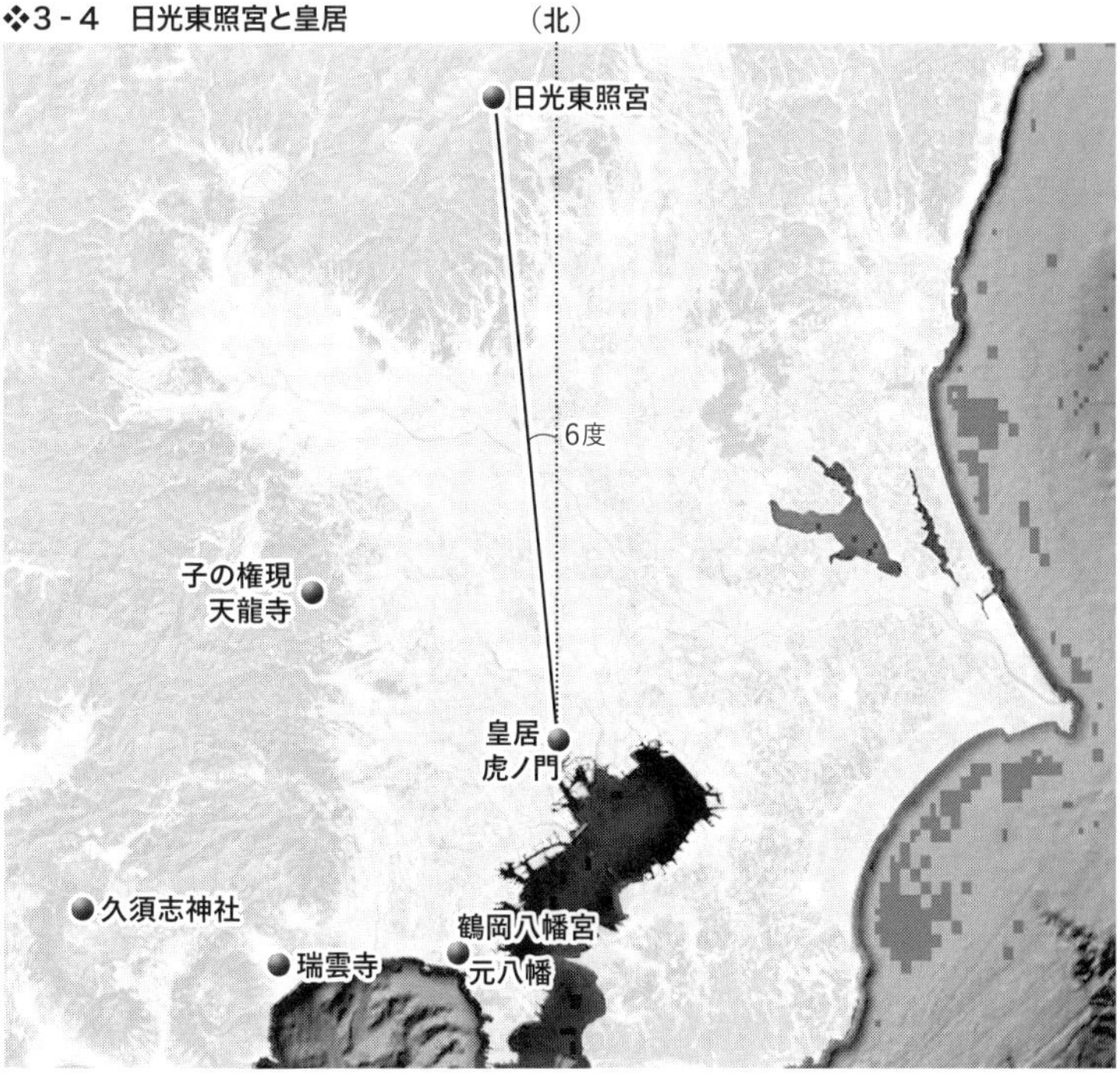

をつけるため、家系図を作ったという。源氏の血を引いていたとすると、当時としては受けがよかったようで、戦国武将はこぞって源氏につながる系図を作成したといわれている。

家康もその一人だったというが、もし源氏の流れを汲んでいた、あるいは源氏を尊崇していたのであれば、日光東照宮の本殿を鎌倉に向けたとしても合点がいく。何しろ、源氏の嫡流が鎌倉に幕府を築いたのであるから、源氏の血を受け継ぐものならば当然だろう。まさに、血脈がなした方位配置ということもできる。

江戸城と方位について

◉江戸城を中心とした四神

さて、ここからは数字を追っていく。

わかりやすいところで、江戸城とその周辺について考察してみよう。

江戸城（皇居）は、東西に1分、南北に1分のやや楕円形をしている。江戸城（皇居）の中心は北緯35度41分07秒、東経１３９度45分10秒に位置する。東西南北をしっかりとおさえた造りをしているとさえ感じさせる。

城内の内堀を見ると円（楕円）になっていて、天地左右の距離がどちらも1分であり、円周が約５㎞である。

参考図をみてみよう。

私がここでいっている楕円とは、内堀のことである。内堀にそって円を描くと、ちょうど楕円形になる（3－5）。楕円は、経度がやや長く、横の緯度がやや短い。地球は真円ではなく、赤道付近がやや外側に膨らんだ楕円形をなしているといわれるが、内堀もそういった意味では、楕円形である。
経度は1秒あたり赤道付近で30・922m。しかし、日本の場合は日本経緯度原点で25・153129m（35度39分29秒1572）と5mほど短い。一方、緯度は1度1秒あたり0度（赤道）では30・715m、日本の日本経緯度原点（35度39分29秒1572）では30・820188mと、ほぼ同じ数値となっている。

❖3-5　江戸城の楕円

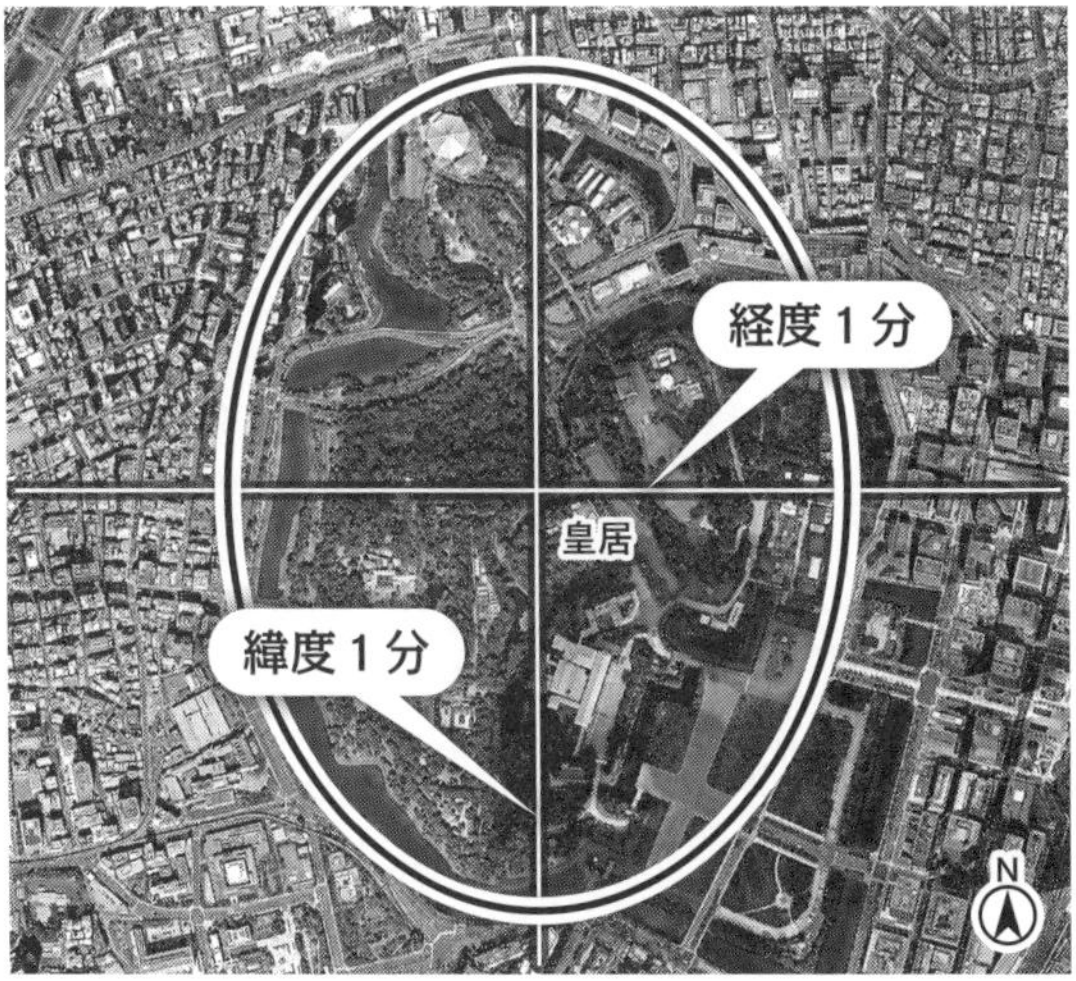

私がグーグルなどで計測したところ、皇居のある内堀は、緯度経度とも約1分だった。1分は60秒なので、この1分を距離換算すると、経度＝25・153129m×60秒＝1，509・187m秒、緯度＝30・715m×60秒＝を1842・9m秒となる。つまり、東西に直径約1・5km、南北に約1・8kmの楕円形であることがわかる。

◉楕円が意味するもの

江戸城の内堀の楕円形から私が思ったことは、この楕円は、緯度の位置に対する球体の歪み、そして、地軸のズレを表しているのではないだろうかということだ。

地球は極軸を中心に自転しているが、その際に左右に引っ張られる力（張力）が働く。このとき、球体はすこしつぶれた状態に歪みが生じることになる。この歪みを、江戸城において体現したと考えるのはあまりにも飛躍しすぎだろうか。

じつは、もうひとつ気になる点がある。地軸のズレについて、地球は23・4度に傾いていることは既述した。このズレが地球の軌道や自転に大きな影響を与えている。このズレによって「歳差運動」というのが起こっている。この作用により、地軸がさらにぶれるように動いているというわけだ。歳差運動がはっきりとわかるのは、独楽《こま》を回したときである。独楽の回転数が落ち始めると歳差運動を示す。

❖3-6　地球の地軸と傾き

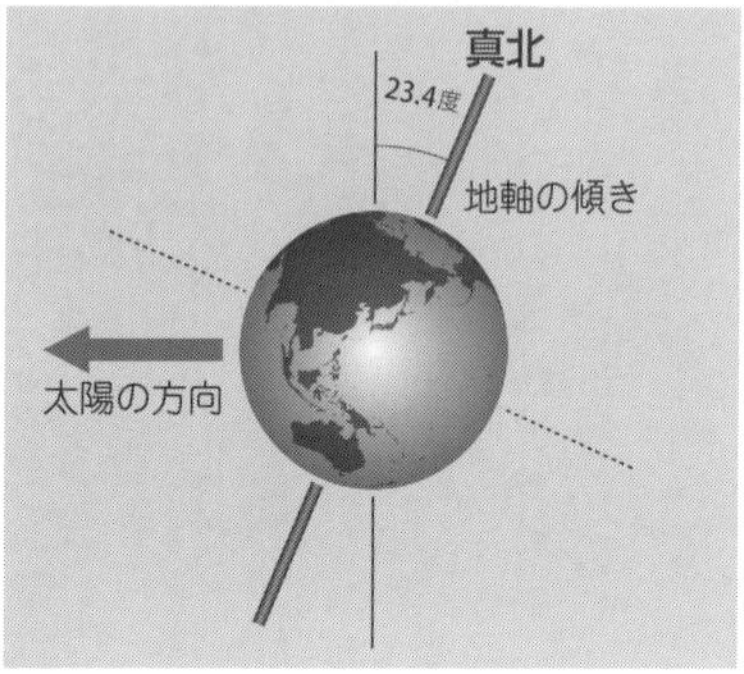

では、23・4度の意味するものは何か。あるいは、鬼門の角度を23・4としているのだろうか？

◉23・4という数字との関連性

23・4という数字について考察する前に、皇居の周辺をもう少し観察してみよう。

まず、皇居を中心に丑寅の方角に神田明神、坤の方角に**赤坂氷川神社**（北緯35・39・10／東経

139・43・52）がある。江戸城を築城するにあたり、家康は表鬼門（丑寅）に神田明神、裏鬼門（坤）に日枝神社、南に増上寺を配置したことは先述したとおりである（3―7）。

ここで、3―7の図をよくみていただきたい。表鬼門とする神田明神と、裏鬼門とする**日枝**

❖3-7　神田明神と赤坂氷川神社を結ぶ円

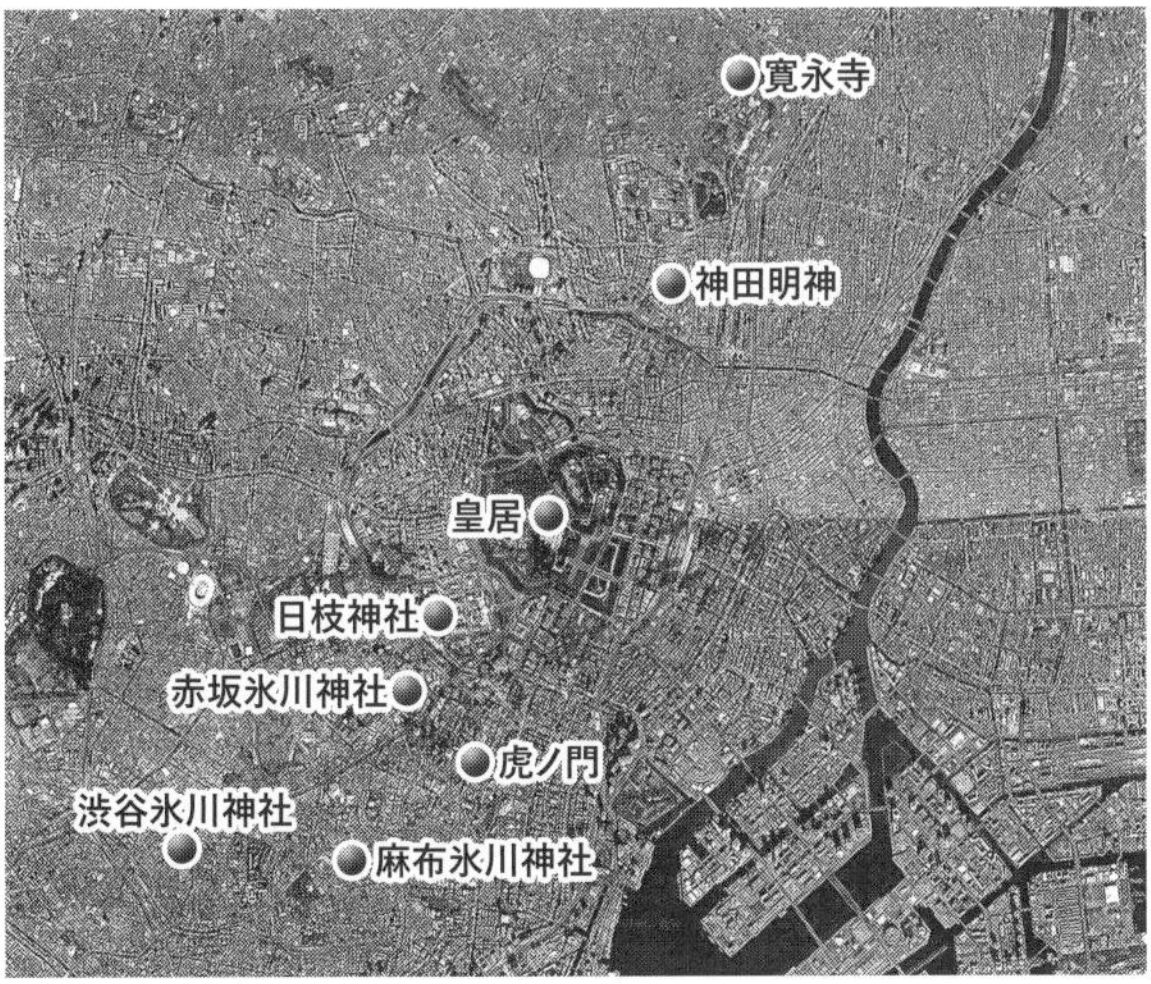

❖3-8　神田明神〜皇居〜赤坂氷川神社

神社（北緯35・40・29／東経139・44・22）の配置をみると、裏鬼門とする日枝神社は、皇居から坤の方角にあるのがわかる。こちらは紛れもなく、裏鬼門に相当する。一方、神田明神は、丑寅の方角というよりは、むしろ子丑の方角に位置しているようにもみえる。丑寅の方角にあるのは、上野寛永寺である。つまり、丑寅の鬼門方位にあるのは、寛永寺であり、皇居にとっての表鬼門に相当する。

これに加えて、家康とともに江戸城築城にあたって風水という側面から指南した天海上人は、さらに神田明神を遷座してこれに加え、強固な表鬼門を配したたというところが凄い。ちなみに、神田明神が現在の地に移ったのは江戸城築城による大規模造成が行われたことにある。当初は、現在の平将門の首塚がある大手町付近に造られ、その後、江戸城の表鬼門（丑寅）の方角にあたる現在の神田の地に遷座された。

神田明神の祭神は、一之宮にオオナムチノミコト（オオクニヌシノミコト）、二之宮にスクナヒコナノミコト、三ノ宮は平将門命がそれぞれ祀られている。末社には、スサノオノミコトも祀られており、東京の丸の内や神田などを鎮守している。

一方、坤の方位、つまり裏鬼門にあたるのは日枝神社といわれる。日枝神社は江戸氏の時代に武蔵野の守護神として山王宮を祀り、その後、太田道灌が江戸に城を構えたときに、川越山王社を勧請したとある。さらに、2代将軍徳川秀吉の代に現在の国立劇場付近にあった神社を、現在の場所に遷祀している。日枝神社の祭神は大山咋神（オオヤマクイノカミ）だが、その先祖はスサノオノミコトである。この日枝神社の坤の方位にあるのは、赤坂氷川神社で、赤坂氷川神社の祭神はスサノオノミコトである。

神田明神の一之宮に祀られている神はオオナムチノミコトだが、これはスサノオノミコトの子孫（諸説あり子供ともいわれる）といわれる。神田明神の創建は出雲氏族のオオナムチノミコトの子孫である真神田臣によって創建されたことからもわかるように、出雲と深い関わりがあるといわれる由縁だ。

さて、ここでもう一つ気になる点がある。それは、鎌倉の元鶴岡八幡宮から皇居に向けて線を引いたライン上に、虎ノ門、皇居、そして神田明神が乗ってくるということ。この角度は、23・6度、つまり、地軸のズレの23・4に相似する。

ちなみに、地軸のズレの23・4度だが、前記したように、歳差運動によってこの角度には振れ幅が生じている。その振れ幅は、20〜24度前後だという。この角度を皇居に向かって探ってみると、元鶴岡八幡宮から皇居のラインのほか、渋谷氷川神社、麻布氷川神社、そして赤坂氷川神社などが入ってくる。

ここで、皇居を起点として表鬼門や、上記氷川神社に向かってラインを引くと、距離や角度は次記のようになる。

皇居〜渋谷氷川神社　距離5・089073km／角度228・42度
皇居〜浅草寺　距離5・143030km／角度23・34度
皇居〜赤坂氷川神社　距離2・482201km／角度219・40度

皇居〜神田明神　距離2・294097㎞／角度36・16度
皇居〜麻布氷川神社　距離4・117097㎞／角度208・51度
皇居〜上野寛永寺（北緯35・43・18／東経139・46・28）距離4・488438㎞／角度25・53度

ところが、元鶴岡八幡宮を起点として、皇居周辺の寺社を結ぶと、その距離や角度は、次のようになる。

元鶴岡八幡宮〜上野寛永寺　距離49・632㎞　角度23・51度
元鶴岡八幡宮〜皇居　距離45・147㎞　角度23・40度
元鶴岡八幡宮〜赤坂氷川神社　距離42・764㎞　角度22・45度
元鶴岡八幡宮〜麻布氷川神社　距離41・047㎞　角度23・10度
元鶴岡八幡宮〜渋谷氷川神社　距離40・588㎞　角度20・38度

奇妙なことに、元鶴岡八幡宮から皇居方面に向かってラインを引くと、どれも20度から24度前後の角度内に収まる。特に注目すべきは、赤坂、麻布、そして渋谷の氷川神社が入ってくるということだ（3―8）。

では一体、氷川神社とはどんな神社なのか。

◉氷川神社の由来

「西の熊野、東の氷川」といわれているように、スサノオ系の氷川神社は関東に多く存在する。氷川神社は北海道に1社のほか、神奈川と千葉にあるほかは、埼玉に百数十社、東京に数十社と、極端に埼玉県に多く、280社以上あるといわれる。特徴的なのは、これ以外の地域に氷川神社はほとんど数えるぐらいしかないことである。

関東にある氷川神社の主祭神は、基本的にはスサノオノミコトであるが、他にはスサノオの妻であるクシナダヒメや、彼の息子（もしくは子孫）であるオオクニヌシノミコトなどが祭神となっているケースも多い。先述したように、赤坂氷川神社と神田明神が江戸城を中心に表裏それぞれの鬼門位置にあることはわかった。

では、氷川神社の沿革について、少しだけ触れておく。

氷川神社の総本社は大宮（埼玉県さいたま市大宮区高鼻町）にある。由緒を見ると、創建は今から2000年以上前、第5代孝昭天皇の御代といわれる。孝昭天皇は欠史八代の一人だが、第12代景行天皇の時代に日本武尊が東夷鎮定の祈願のため参拝したとあり、第13代成務天皇の時代には出雲族であった兄多毛比命（エタモヒノミコト）が朝廷の命によって武蔵国造となり、当社を奉崇したとある。

そして今から1200年前の第45代聖武天皇の代になって、武蔵一宮と定められたといわれる。以後、氷川神社は社殿建設のために源頼朝や足利氏、北条氏、徳川家康といった時の権力者たちの厚遇を受け、また、明治天皇の行幸をはじめ今上天皇の参拝など手厚い保護がなされてきた。

◉簸川（出雲）とのつながり

氷川という言葉の由来については諸説ある。一説では、出雲の簸川からきているといわれる。『古事記』には「肥の川上（肥川）」との記述がみられる。実際に埼玉氷川神社の由来を見ると、先述したように出雲族であった兄多毛比命（エタモヒノミコト）が朝廷の命によって武蔵国造となり、当社を訪れたとあるから、出雲とのつながりはあったことがわかる。

簸川とは、スサノオノミコトがヤマタノオロチを退治したときの川の名前だという言い伝えがあって、そこからきているという説と、出雲に簸川郡という地名があってそこからきているという説など、諸説ある。

斐伊川は松江の宍道湖に流入する川で、その昔は良質な砂鉄が取れたことから、たたら製鉄が盛んだったといわれる。この川の北流にある平野が簸川平野である。おそらく、出雲族のエタモヒノミコトが国造になって武蔵野に赴いてきた際に、簸川という名称を使ったものと推測される。これが現在の氷川になったのはいつ頃からなのか、これも調べてみたが具体的に変名となった時代についての詳細は不明である。

◉埼玉に集中している氷川神社

氷川神社の本庁所在地は、さいたま市にある。

全国に240余社ある氷川神社の約8割以上、162社が埼玉県に集中している。その理由は、先のエタモヒノミコトがさいたまに赴任してきたこともあるが、荒川と利根川という関東平野を代表する河川の源流であることも注目される。

先にも述べたように氷川神社の主祭神はスサノオを祀る。スサノオは荒ぶる神であると同時に、水の神でもある。荒川の沿革を調べると、江戸時代以前は小規模の改修は行われていたが、ほとんど流れにまかせていたようである。荒川という名称も「荒ぶる川」からきているという。利根川も坂東太郎という関東一の川という異称があるが、こちらも氾濫が多かった川だ。

川の氾濫が多かった埼玉県は、荒ぶる川を鎮める必要があったことから、スサノオを祀る氷川神社が多く作られたとされている。実際に氷川神社の建立場所をみていくと、荒川と利根川流域に多く分布していることがわかる。それだけ氾濫する川を鎮めたいという地元民の願いが込められていたようだ。

また、埼玉県は全国有数の古墳群のあることでも有名だ。古墳群といえば行田市に「さきたま（埼玉）古墳群」がある。大小合わせて9つほどの古墳が点在している。関東のなかで埼玉ほど古墳の多い地域はほかにない。

古墳の形は前方後円墳が多くみられることから、少なくともヤマト王権時代に関東に勢力を伸ばしていた証左であるとする説が有力である。

ヤマト王権と関東との関係を解説する本ではないので深くは追及しないが、古墳の存在からもわかるように、ヤマト王権や出雲族との関係があったことは疑いようがない。

◉氷川神社の数字

さて、このような歴史的背景をもつ氷川神社だが、調べてみたところ、数字的には主だった場所はそれほど多くはないようである。

気になる神社を挙げてみると次のようになる。

赤坂氷川神社（村上天皇951）北緯35・40・05／東経139・43・52
麻布氷川神社 北緯35・39・10／東経139・43・51
埼玉氷川神社（凡そ二千有余年、第五代孝昭天皇の御代三年四月未の日）北緯35・55・01／東経139・37・46
氷川神社（長崎県大村市）北緯32・57・11／東経130・00・17
氷川神社（創建年？）（島根県松江市宍道町）北緯35・24・31／東経132・54・33
氷川神社（天保十四年六月十七日）（神奈川県相模原市中央区）北緯35・34・54／東経139・21・40
氷川神社（創建年？）（栃木県さくら市）北緯36・43・29／東経140・03・05
氷川神社（川越）太田道灌　北緯35・55・39／東経139・29・19

簸川神社（第五代孝昭天皇御宇三年（４７３年））（東京都文京区）北緯35・43・19／東経１３９・44・25
氷川天満神社（伝・貞観11年（８６９年））（埼玉桶川）北緯36・01・41／東経１３９・33・35

赤坂にある氷川神社、東京にある簸川神社、島根県にある氷川神社は理論的にはまるのだが、それ以外はラインに乗らない。

武蔵一之宮である埼玉氷川神社がズレていることからして、出雲族の理論とは若干ズレているというのが結論だ。

とはいえ、いくつかの氷川神社はたまたまかも知れないがライン上に乗っているところもあることから、意図的なものなのかどうか、このへんはさらなる検証が必要だろう。

赤坂氷川神社と神田明神の関係にしても、これが単なる偶然と呼ぶにはあまりに精度が高い方位関係にある。どちらにしても興味深い対象であることは確かである。

◉関東の方位取りについて

さて、ここからは経度44分についてみていこうと思う。

奈良や京都、和歌山を走る東経１３５度から、どうして関東地方に目を転じたのか。その意味するところを詳しくみていきたい。

まず、神奈川から東京についてみてみる。

ここで、先述した東経１３５度44分と同じく、44分ラインには、著名な建造物などがいくつかピックアップできる。一例を挙げると、以下のようなところだ。

川崎大師　北緯35・32分・05／東経139・43・46
日枝神社（千代田区山王）　北緯35・40・29／東経139・44・22
林羅山墓地　北緯35・42・01／東経139・43・42
大塚先儒墓所　北緯35・43・23／東経139・43・43
佐藤一斎墓　北緯35・39・48／東経139・43・53

大塚先儒墓所とは、室鳩巣、木下順庵など著名な儒学者などが眠る墓地である。普段は訪れる人がほとんどいない場所であり、意外に知られていない。江戸期の著名な儒学者の墓所が、まるで何かを悟っていたかのように並んでいるのはとても興味深い。

さらに、江戸期に活躍した儒学者・山鹿素行の墓も曹洞宗宗参寺にある。私も実際に当墓地を訪れたが、墓碑は東を向き、立派な墓石が立っている。じつは山鹿素行の墓の位置をみると、北緯35度42分17秒、東経139度43分30秒にある。山鹿素行は山鹿流で知られる軍学者でもあった。当時の儒学界では天円地方説という古代中国の宇宙観を支持していたようだが、素行は地球球体説を支持していたとされる。

地球球体説といい、こうした経度に儒学者の墓地が並んでいることといい、これらの因果関係はわからないが、少なくとも、なんらかの意図を感じさせずにはいられない。

◉東経139度44分として捉えると？

前章であげた場所以外にも、東経139度44分前後の場所をみると、色々挙げられる。たとえば皇居もその一つである。

皇居　北緯35・41・07／東経139・45・10

このほか、

豊川稲荷（東京別院）　北緯35・40・36／東経139・43・58

市ヶ谷亀岡八幡宮　北緯35・41・33／東経139・44・01

出雲大社東京分祀　北緯35・39・44／東経139・43・43

などがライン上に乗ってくる。

市ヶ谷亀岡八幡宮は、太田道灌が勧請したことで知られる。太田道灌は伊勢原を中心とする地域を長らく拠点にしていた。太田家の菩提寺には首塚（大慈寺）があり、洞昌院（神奈川県伊勢原市）は道灌が暗殺された場所である。ここに道潅は眠っている。

また、豊川稲荷と出雲大社はそれぞれ分祀別院であるが、豊川稲荷は曹洞宗の寺院であるので、スサノオとの縁は定かではない。

先の山鹿素行や川崎大師など43分といっても、ほぼ東経１３９度44分ラインとみることも可能だろうから、ここは押さえておきたい。

第4章

世界と日本とのつながりを解く

世界の数字を追う

◉世界と日本とを結ぶものは何か

時間や数字の概念は大陸から渡ってきた、というのがこれまでの定説である。もしそうならば、私の理論が当てはまる日本以外の国や地域はあると考えるのは筋だろう。否、日本国内でこれだけ数字を追ってきて、これだけの精度の高い成果が得られたのだから、世界でも緯度経度、ぞろ目や距離、角度など、様々な条件で調べると興味深い数字が浮かんでくるはずである。ということで、本章では世界に視点を移してみようと思う。

そうはいっても、世界は広い。日本でさえも調べるのに相当な時間と手間がかかったわけだから、何か取っ掛かりがないと先へは進みようがない。ましてや世界を相手に数字を追おうとするのだから、闇雲に進めてみたところで雲を掴むような話である。

世界で何かを調べるときに参考にするものは何だろうか。国単位で探すのもいいだろうし、世界遺産あたりから当たるのもありだろう。そういえば、２０１３年６月に富士山も文化遺産に登録されたことは記憶に新しい。

世界遺産とはユネスコ（ＵＮＥＳＣＯ：国際連合教育科学文化機関）に登録している自然・

文化・複合遺産のことで、「人類共通の遺産（レガシー）」として未来へと引き継ぐことを目的に、国際的に認知することで保存していこうという世界レベルの政策のひとつである。

実際に世界遺産として登録されているものの数を調べてみると、総数は１１２１件（２０１９年７月現在）で、内訳は、文化遺産８６９件、自然遺産２１３件、複合遺産39件。これに、危機的な状況に陥っている危機遺産というものも加えると総計で１１６０件以上にもなる。

調べる数としては決して少なくないが、調べないことには先へは進まない。ともかく片っ端からあたってみることにした。

まずは、古代の歴史学者、ヘロドトスの選んだ七不思議のなかで唯一現存しているエジプトのピラミッドから始め、南米のマヤ、マチュピチュ、チチェンイッツア、ナスカの地上絵、アジアに戻り、カンボジアのアンコールワット、トルコのカッパドキア、中国の兵馬俑や万里の長城等々……。

すべてを調べるのは大変なので、いつものように緯度経度のぞろ目に配慮しながら調べた結果、これはと思う場所や遺跡を以下に挙げてみた。

◇経度44分

アテネ　アクロポリス（ゼウス神殿）　北緯37・58・09／東経23・43・59

アテネ　パルテノン神殿　北緯37・58・17／東経23・43・36

◇経度55分

コム・オンボ神殿　北緯24・27・07／東経32・55・42
ナスカ　市街地　南緯14・50・09／西経74・55・57

◇**経度33分**

ペルー　マチュピチュ　南緯13・19・47／西経72・32・41

◇**経度11分**

ボロブドゥール寺院　北緯07・36・28／西経110・12・13

◇**緯度55分**

ローマ　パンテオン神殿　北緯41・53・55／東経12・28・36
バチカン　サン・ピエトロ寺院　北緯41・54・08／東経12・27・12

◇**緯度33分**

アジャンター石窟群　北緯20・33・06／東経75・42・11

◇**緯度22分**

アブシンベル神殿　北緯22・20・12／東経31・37・32
秦始皇帝陵　北緯34・22・52／東経109・15・13
アンコールワット　北緯13・24・45／東経103・52・00

◇**緯度11分**

タージ・マハル　北緯27・10・30／東経78・02・31
バカン　アーナンダ寺院　北緯21・10・15／東経94・52・03

結果として、ぞろ目で世界遺産を追ってはみたものの、日本のような何かしらの意図を見出すには無理があるという結論に達した。

◉文明発祥の地を探る

世界遺産を探求しているときに、〝あること〟を思いついた。

時間という概念は、広義で考えれば人が生み出した文明のひとつである。文明というとかなり幅が広いので、哲学とか学問などと狭義で考えたほうがいいのかも知れないが、すべてを包括するという意味でここでは文明と捉えておく。

さて、そうすると、文明発祥の地と何か関係がないのだろうか。世界遺産を探求しているときに思いついた〝あること〟というのは、このことである。

文明発祥の地といえば、中国（黄河）、インダス、エジプト、そしてメソポタミアの４地域は誰もが知っている。他にも長江（揚子江）やアンデス、あるいはアフリカといった領域も文明発祥の地とする学説はあるが、本書では上記４大文明をまずは当たってみた。

この４大文明は、正確には各地域を流れる川の領域から生まれている。中国は黄河、インダスはインダス河、メソポタミアはチグリス河とユーフラテス河、エジプトはナイル河の各大河流域になる。

数字や天文学など、私の理論の基礎をなしている学問のほとんどは、これらの文明から生まれている。ならば、文明発祥の地にこそ何かヒントが隠されているのではないか。

そう考えて、さっそく、隣国の中国（黄河）文明から調べてみた。

日本とは至近距離にある中国は古くから交流の深い国のひとつであり、漢字などの文化や稲作といった農業など、超大国から受けてきた影響は大きい。また、魏志倭人伝にみられる倭の国の卑弥呼や、遣隋使・遣唐使の派遣など、中国と交流してきた史実は記録にも残されている。

中国といえば、先の世界遺産についても数多く登録されており、西安にある**秦始皇帝陵**（北緯34・22・52／東経109・15・13）のように、ぞろ目の場所もヒットする。

調べてみるとわかるのだが、世界遺産ではないものの、寺院などがいくつも法則上に乗ってくる。しかし、残念ながら日本との共通点を見出すのは単純ではなく、相当な時間を要する。

なぜなら、時代によって国を支配してきた民族（漢民族、満州族、モンゴル族など）も違えば、文化も異なるし、支配地域にしても秦の始皇帝時代と現在の中国領土とはほぼ同じ領域というが、戦乱による国の分裂や統合は常に繰り返されてきたわけだから、何か基軸となるものをみつけるのはかなり厳しい。

後ろ髪を引かれる思いはあるが、熟考の末、ここは一旦中国から離れ、もう少し明確でわかりやすい別の地域を検証することとした。

さて、西方には、エジプト、インダス、メソポタミアの三つの領域が集まっている。かつて天竺を目指した三蔵法師は、経典を求めて西方浄土へと旅を続けた。西方浄土とはすなわちインドであったが、文明はさらに西の、世界地図からすると比較的狭い領域で興ったことがわかる。ナイル、インダス、チグリス・ユーフラテスという大河の領域で発祥したとされる各文明が、よくみると意外なほど近隣にあり、狭域で発祥していることに今さらながら驚いた。

話をもとに戻すが、エジプトは、ギザやクフ、メンカウラーの三大ピラミッドや王家の谷など、目印になりそうな建造物や遺跡が多数存在する。インダス文明は、現在のパキスタン周辺で興った紀元前2500年から2000年頃のインダス川流域における古代文明であり、有名な遺跡にはモヘンジョ・ダロやハラッパーなどがある。

モヘンジョ・ダロはインダス文明最大の都市といわれ、盛時で4万人以上が暮らしていたとされる。知っている読者も多いだろうが、都市伝説的な話として、モヘンジョ・ダロが消滅した要因については諸説ある。一説によると核爆発による滅亡説を唱える識者・学者も多いとされる。その理由は、モヘンジョ・ダロの遺跡で採取した土壌に含まれていた鉱石にガラスの主成分が含まれていたからだ。

今のような透明なガラスが作られる前までは、ガラスの鉱石を使うか、不純物を取り除かないまま、やや濁りのあるガラスが作られていたとされる。ガラスの素材は砂（珪砂）とソーダ灰、石灰石という自然界にある原材料のみで生成されている。この素材構成は昔から変わらない。これらを1000〜1500℃の超高温で熱し、融解した素材を色々な手法で成形し、冷却してガラスは作られる。石器時代にはガラスの黒曜石を鏃《やじり》やものを切る道具として利用していたが、1300年代になってフロート製法という製造が編み出され、今のガラスの原型を作り出すにいたったとある。

自然界でガラスが生成される過程は、外気からの超高温・超高圧による衝撃がないとできない。地上で数千年前に1000℃以上の高温に晒されるようなことは、一般常識的には考えにくい。ましてや、今から数千年前の古代遺跡周辺でガラスがみられるというのは、核を使うかして高熱を発しなければこうした現象はみられないという。

このモヘンジョ・ダロの遺跡を巡っては、最近ではプラズマによる局所的な超高温現象が発生したとする説もあるようだが、確かなことはわかっていない。


余談はさておき、最後のメソポタミア文明は、これまで私が追ってきたスサノオノミコトに関連する場所や歴史、地名の原点だけに、とても興味深い。

メソポタミアはシュメール人が関わり、シュメル、スメルという呼び方の変遷から、日本の神、スサノオノミコトとの関連性を匂わせる。メソポタミア文明の興りとなったスメル人という民族は、月の満ち欠けを利用して暦を作り、三角法や円周率など、数学的な学問の基礎形成をなした民族としても知られる。数字を追っている本書としては、この関連性について看過できない。

さらに、メソポタミアに関連した都市の一つに、スサがある。スサはもともと、エラム人とよばれる人々の都市であったが、メソポタミアからの繰り返される侵入によって影響を受けた。

このスサという都市国家についても諸説あり、これらの都市の人々が遥か東の土地に移り、日本にやってきたという伝承も残っている。年代的には紀元前2500〜2000年あたりなので、この都市がメソポタミア文明の発祥時に深く関係したかどうかは微妙だが、メソポタミアとの交流はあったとされている。

さっそくメソポタミアのスサや、バベルの塔で有名なバビロンなど、主だった場所を検索してみた。ところが、なぜかクリーンヒットしない。まるで、これまでの努力を水泡に帰するかのような結果となった。もしかすると、何か別な意図があるのではと勘繰るも、メソポタミアとの関係性は数字的には解明できなかった。

次にインダス文明を調べてみたが、これもこれまで同様に共通項が見出せない。

となると、残りはエジプトしかない。何か成果が得られそうな情報にあたるようにと願いながらエジプトを調べた。ピラミッド、スフィンクス、王家の谷等、目ぼしい場所をつぶさに調べてみたものの、残念ながら該当するような場所がヒットしない。

◉太陽神殿とアマテラス

こうして一通り調べてみて、あまり芳しい結果が得られず諦めかけていたとき、一つだけ気になる場所をみつけた。エジプトの太陽神殿である。

太陽神殿はエジプト古王国第5王朝に作られた、太陽神ラー（レー）を祀る神殿だ。この第5王朝時代には、太陽神ラーを崇拝する意識が高くなり、太陽神殿が多数作られたといわれている。

さて、こうしてエジプトのことについて触れていたとき、一度は行ってみたいという衝動に駆られた。思い立ったが吉日とばかり、旅行会社とも相談したうえで取材旅行を強行することになった。春のお彼岸などがあるので、行けるとすればその前になるわけだが、旅程は諸事情により超ハードスケジュールである。

飛行機で片道約13時間、エジプトのカイロ国際空港を経由し、その日のうちにイスラエルのエルサレムに入国。その後、再びカイロに戻り、カイロを中心に数日巡ったのち、無事に旅程を終えて帰路についた。

さて、話を戻して太陽神殿を調べてみると、面白い結果が得られた。

太陽神殿　ニウセルラー王　北緯29・54・14／東経31・11・38
太陽神殿　ウセルカフ王　北緯29・54・00／東経31・11・57

エジプト第5王朝は、エジプト古王国（紀元前２６８６年頃〜紀元前２１８５年頃）とよばれる時代区分に含まれており、この古王国時代にピラミッドなどが建造されたとされる。

ピラミッドの起源は、第3王朝のジェセル王時代に建造された階段ピラミッドより始まる。その後、第4王朝になると、ギザのピラミッドに代表される、クフ、カフラー、メンカウラーといった巨大なピラミッドが建造された。

ウセルカフ王は第5王朝（紀元前２４９４年頃〜紀元前２３４５年頃）初代の王である。ウセルカフ王は第4王朝時代のファラオの血族と深いつながりがあるといわれる。彼の妻は、第4王朝の第6代ファラオで、ギザにあるピラミッドのなかで南側に位置するメンカウラー王の息女であった。

ウセルカフ王の祖父は第4王朝第2代ファラオで、クフのピラミッドで知られるクフ王の子息ジェドエフラーだといわれている。ちなみに、ギザのピラミッドにはもう一つ、カフラー王のピラミッドがあるが、カフラー王はジェドエフラーの息子である。

ウセルカフ王の治世時代、太陽神ラー（レー）への信仰が高まり、その結果、太陽神殿の建造が多くなされた。ニウセルラー王は、ウセルカフ王から何代かのちのファラオである。

次頁4－1は、彼らが建造した太陽神殿やピラミッドなどの位置関係を示したもの。右側に流れている大河はナイル河である。

人類最初のピラミッドといわれるジェセル王のピラミッドが南部にあり、北部にはギザのピラミッドが建造された。

今回のエジプト取材旅行には太陽神殿も旅程に入れていたが、ガイドに訊くと、ここを日本の旅行者から行きたいとリクエストされたのは今回が初めてだということだった。一般的にはルクソールなど、ナイル川のもっと上流（地図上では南方面になる）を目指すのだが、今回は残念ながら弾丸旅程である。ルクソールまではかなり時間を要するということで、行くのを断念した。

さて、**ジェセル王の階段ピラミッド**（北緯29・52・16／東経31・13・00）は、特に緯度経度で

❖4-1　ナイル川を挟み〝生〟と〝死〟が分かれる

共通する部分は見当たらない（4―2）。ピラミッドなどがある流域は緑地帯が広がっており、緑地帯と砂漠地帯の境界線上近くに太陽神殿などが作られているのがわかる。ガイドに訊くと、ナイル川から東側は生きている人のエリア、西側は死人のエリアだそうだ。当然、エジプトの墓やピラミッドはナイル川の西側に配置されている。

ウセルカフ王のピラミッド（4―3）はジェセル王のピラミッドから至近にあり、さらにウセルカフ王の太陽神殿とニウセルラー王の太陽神殿も至近距離にある。

彼らの建造した太陽神殿の緯度経度をみると、緯度は55分、経度は11分と、どちらもぞろ目となっている。

ウセルカフ王が太陽信仰に傾倒した背景には、ヘリオポリスという太陽信仰の中心地といわれる都市の出身だったからだといわれている。ヘリオポリスはギザからも比較的近く、唯一現存しているオベリスクのすぐ側にあった。
エジプトの太陽神殿はいうまでもなく、太陽神ラーへの信仰の象徴である。太陽信仰の象徴とされるオベリスクも太陽神のモニュメント(慰霊碑、記念碑)といわれ、ピラミッドのように太陽神殿は基台があり、その上にオベリスクが立てられるという複合建造物だったという。

❖4-2　ジェセル王の階段ピラミッド

❖4-3　ウセルカフ王のピラミッド

第5王朝のピラミッドは第4王朝に比べると小さくなったといわれるが、その代わりオベリスクを配した太陽神殿が熱心に設置された時代でもあった。
4—4をみてもらうとわかるとおり、オベリスクのある場所と、ギザのピラミッド、ウセルカフ王やニウセルラー王の太陽神殿やピ

❖4-4　ナイル川南部の古代ピラミッド群

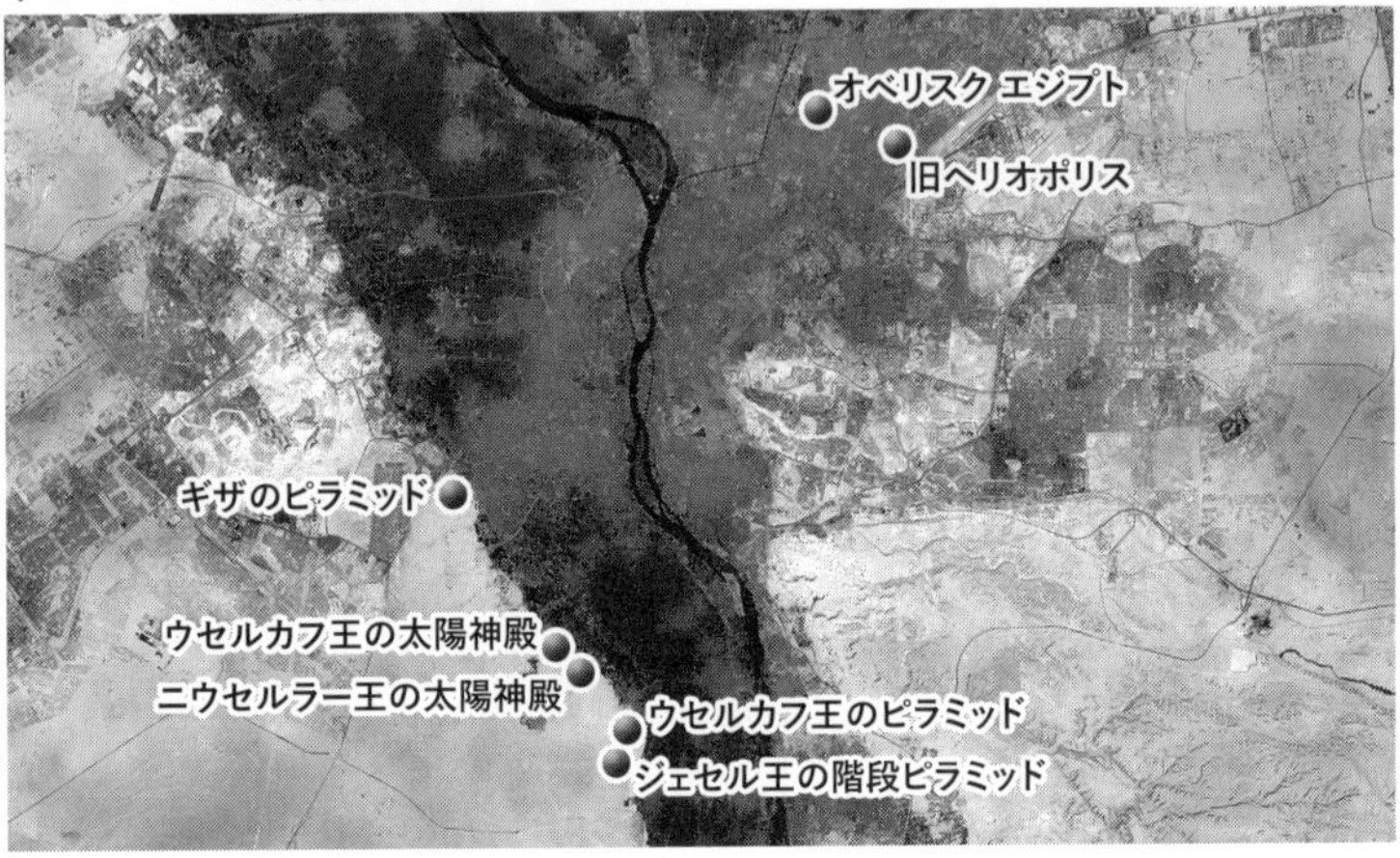

ラミッドなどの位置関係は、厳密ではないものの鬼門・裏鬼門の関係になるのはなかなか興味深い。

では、日本における太陽をイメージするものは何か。思いあたるところでは**伊勢神宮**（北緯34・27・18／東経136・43・30）の祭神でもある天照大御神になろうか。天照大御神は伊弉諾尊と伊邪那美尊との間に生まれた三神の一人であり、スサノオノミコトとツクヨミノミコトの姉といわれる。

伊勢神宮の緯度経度をみると、経度が44分の位置にある。さっそく、太陽神つながりということで調べてみたりしたのだが、これがどのように関連しているのかを導き出すことができなかった。

しかしながら、太陽神殿と当瑞雲寺の北に位置する子の権現天龍寺、そして長野の瑞雲寺との緯度経度の座標軸に55・11という共通点があることがわかったのは大きな収穫といえる。

◉お墓つながりということも？

確かに、エジプトの太陽神殿と日本との関係について、合致するような内容があるとはいい難いが、しかし、前述したように、エジプトにおける太陽神ラーへの信仰の深さ、さらに、伊勢神宮にみる太陽神アマテラスとの関係性については一考を要するところだろう。

「ピラミッドとは何か」についての研究は、長らく各国で検証が試みられてきた。ピラミッドの内部にあった石棺などから墓とする説、太陽神ラーを祀るための巨大なモニュメントだったとする説、果ては、宇宙船の基地やら何か特殊な装置というSF的なものまで、様々な意見は出ているが、いまだ確たる証拠を掴むには至っていない。

ただ、一般的な概念からすると、当時の王であるファラオたちが権力を誇示する目的で建造した、自分たちの先祖などを祀るため、あるいは骸《むくろ》をあの世へと向かわせるために作ったという、いわゆる「お墓」説という意見が根強くある。

もし「お墓」だったとするならば、日本の寺社などとの関係性を踏まえるならば、あり得る話だろうと私も推測している。ピラミッドと日本の寺社との関係は、数字取りをすることで、その共通性を見出すことができるようにも思えてくる。

そしてもう一つ、エジプトのカイロ博物館に行ったときに、ミイラの部屋というのがあり、大小様々なミイラが安置されていたのだが、古代エジプトでは、ミイラを作る理由に「再生・復活」があったといわれている。当時のエジプトは魂と肉体とを分けて考えていたことから、魂が再び復活するときに肉体を保存しておく必要があった。そこで、ミイラを作って魂の復活を待っていたということのようだ。

お墓つながりということでは、エジプトと日本とのつながりもあながち外れているとは思えない。だからこそ、私もエジプトに行こうという思いが強くなったのかも知れない。

◉山つながりでみてみる

国内における数字取りを検証したとき、富士山や秩父三山、妙見山、高皇産霊神など、「山」に関係する部分が多いこともわかってきた。その結果、11、44、55など、ぞろ目の基軸となる数字を導くことができた。

ならば、世界でも同じような数字取りをしているのではないだろうか。

では、「世界の山」というとどこになるのか。これは捉え方やカテゴリーによって選ぶ山も違ってくる。目立つ山なのか、あるいは身近な山なのか。

ここは素直な気持ちで、標高という捉え方をしてみると、世界一の標高を誇るのはチベット山脈にあるエベレストになるだろう。標高８８４８m、北米のマッキンリーのように地表から直接隆起した山ではないものの、標高ということでは世界最高峰と認定されている。エベレストだけでなく、この辺一帯の山脈は、８０００m級の山々が連なっている。文字通り、世界最大級の山脈である。

エベレストは現地語でチョモランマ（＝世界の母なる女神）とよばれ、エベレストという名称は、欧米人があとで付けたのだそうだが、現地の人たちは「チョモランマ」というよび名を使うのが一般的だという。
さて、エベレストの位置を調べてみると面白いことがわかった。

エベレスト（チョモランマ） 北緯27・59・18／東経86・55・30

エベレストの緯度の分はほぼ00分、東経は55分と、ぞろ目ラインに位置する。じつは、東経の55分には、日本では三峯神社（埼玉）や三島大社（静岡）のほか、両神神社（埼玉）などが同ラインに位置する。55という同じ数字つながりという意味では共通点がある。

両神神社（埼玉県） 北緯36・00・37／東経138・55・34

ここで大事なポイントは、両神神社が55分にあるということだ。そもそもエベレストという発想に結びついたきっかけは、実はこの両神神社と東経の分秒が極めて近似にあることからだ。世界一高い山、というだけでいきなりエベレストと日本との関係性を論じても、意味不明になる。数字を追ってみた結果、世界一のエベレストに辿り着いたきっかけとなったのは、ほかならぬ両神神社の存在というわけだ。ここと、三峯、三嶋もまた55分上にあるということで、話が展開できた背景があることは押さえておきたい。

❖4-5　東経55分ライン

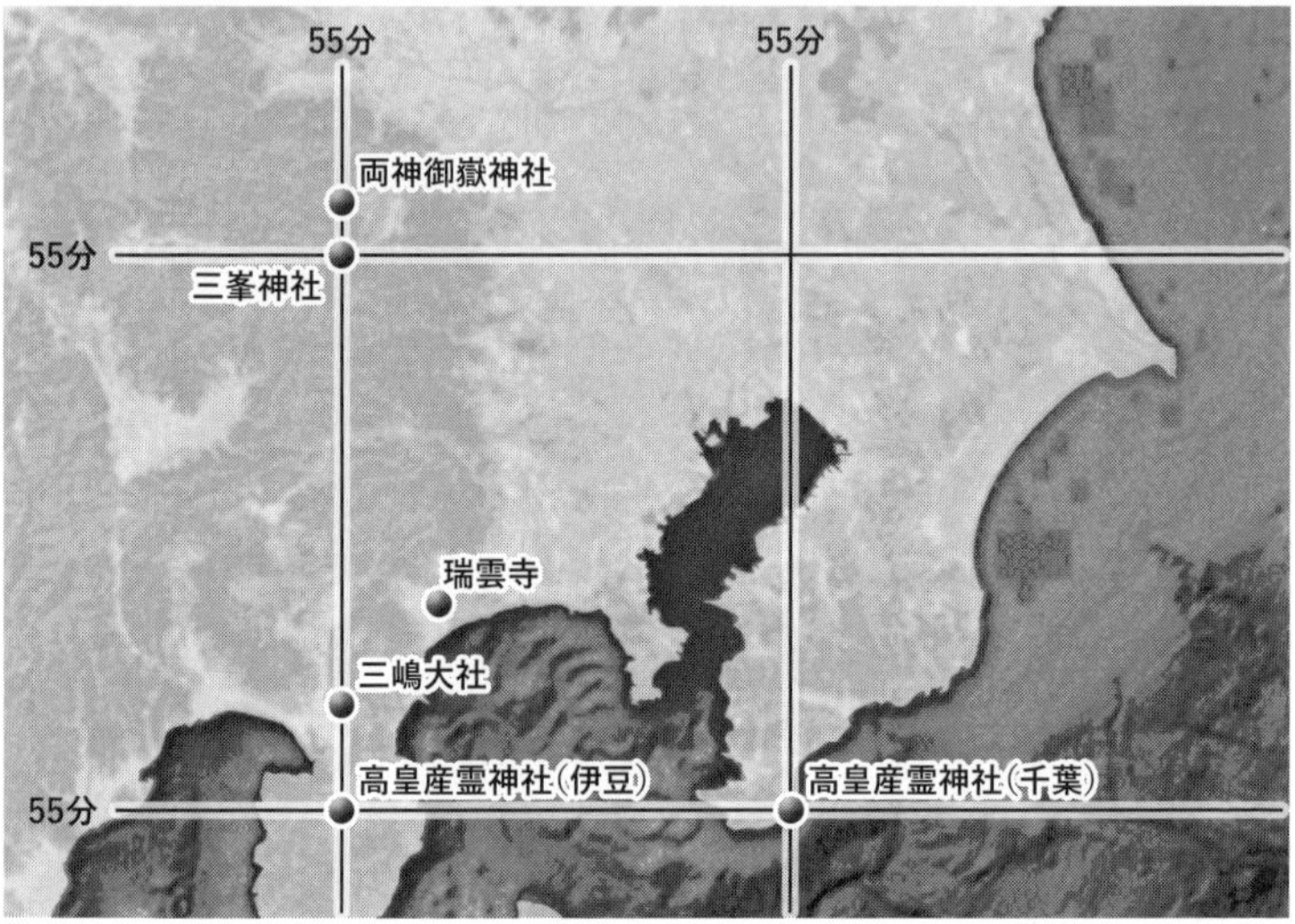

さて、エベレスト周辺をくまなく調べてみたところ、以下のような精度の高い場所をみつけた。それがアイランドピークである。

アイランドピーク　北緯27・55・13／東経86・56・05

アイランドピーク（イムジャ湖）は6000m級の山脈で、エベレストを目指す登山家が足慣らしに登山する山として知られており、世界中から登山者が集まるところである。

経度ではエベレストの方が精度は高く感じるが、緯度経度双方でみると、このアイランドピークの方が条件的に「55」つながりとなり、数値的に面白い。

緯度経度どちらも55分の場所といえば、伊豆市の高皇産霊《たかみむすび》神社（北緯34・55・15／東経138・54・55）や、三峯神社（北緯35・55・31

❖4－6　アイランドピークからみた当瑞雲寺の角度

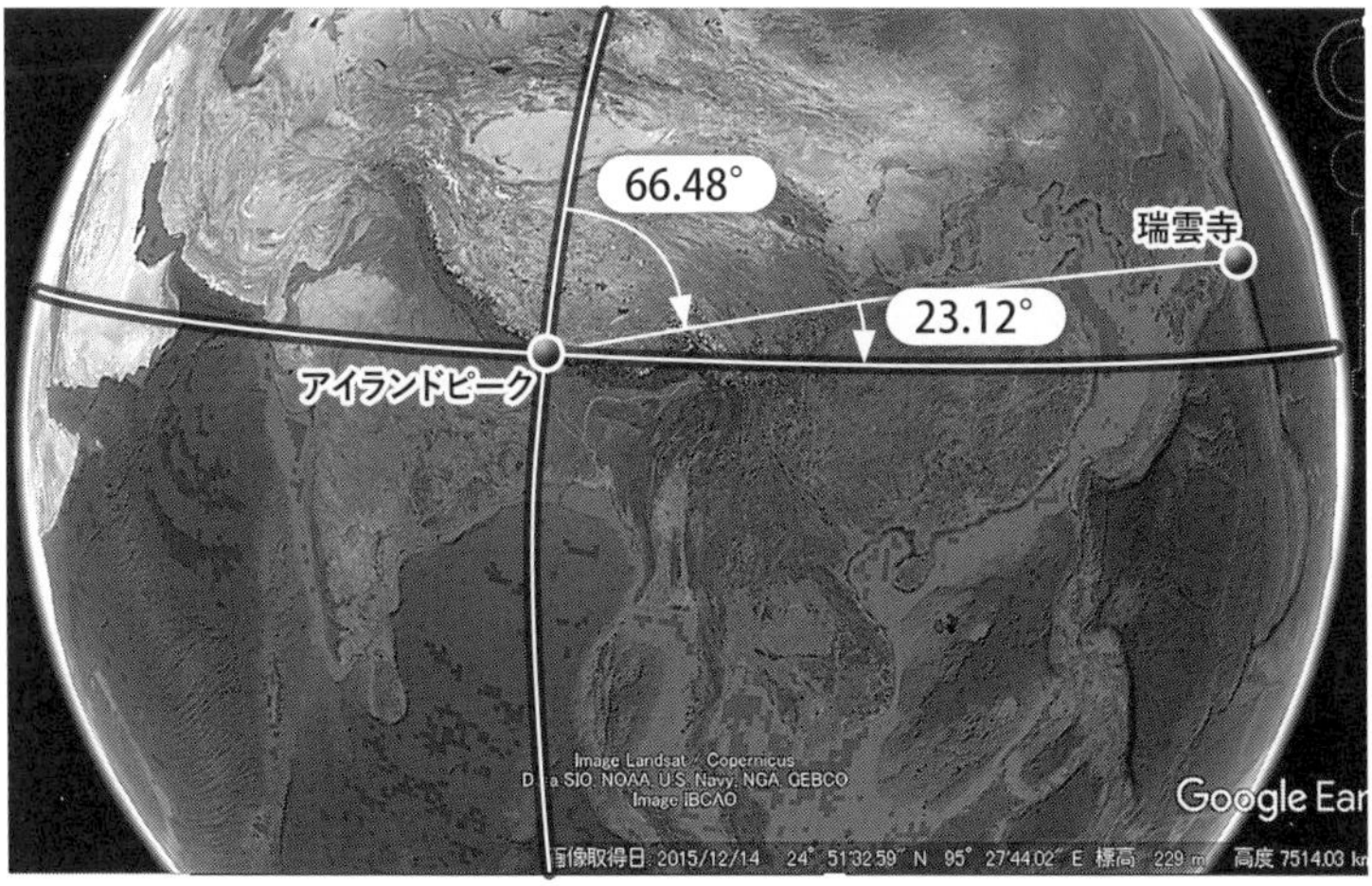

／東経138・55・49）などがある（4―5）。

このようにみると、アイランドピーク、エベレスト、両神、秩父三山など、山つながりになっているほか、高皇産霊神が55分ラインの南端に配し、まるで山を守り、押さえているようにも思える。

このアイランドピークを基点として、海外と日本との距離、そして角度など様々な検証を試みることにした。

◎ラインではなく角度で測る

測定方法は、以下の図表のとおり行う。

まず、当瑞雲寺とアイランドピークの距離を測定する。使用するソフトはグーグルアースを用いる。図表のように、この2地点の緯度経度を測定することで、2地点間の距離を測定できる。

このソフトを使用すると、平面的な距離測定ではなく、球体を前提とした測定が可能になる。ちなみに、当瑞雲寺（北緯35・18・38／東経139・

10・49）とアイランドピーク（北緯27・55・13／東経86・56・05）との距離は、4967・861km、アイランドピークと当寺との角度は、66・49度だった（4―6）。

この角度というのは、グーグルアースの定規ツールを使うと出てくる「機首方位」のことである。一般的に地図は上方が北を示している。機首方位というのは、北から時計周りに数えた角度になる。

4―6の図で説明すると、アイランドピークから当瑞雲寺まで定規ツールを使って線を引く。すると、機首方位は66・49度になる。これは、真東からみると、23・12度と同義になる。これを計算式で表すと、90度―66・49度と同じ数値になるということだ。この図でいうと、アイランドピークから当寺まで引いた線と、東西に引いた線の間の角度に当たる。

このようにして、アイランドピークから色々測定したところ、面白い結果が得られた。以下がその結果である。

▼アイランドピーク↓眞名井神社（北緯35・35・11／東経135・11・54）

距離　4605・038km　角度　66・47度　90－66・47＝23・13度

▼アイランドピーク↓元伊勢籠神社（北緯35・34・58／東経135・11・48）

距離　4604・911km　角度　66・48度　90－66・48＝23・12度

▼アイランドピーク↓富士山（北緯35・21・46／東経138・43・51）

距離　4926・582km　角度　66・47度　90－66・47＝23・13度

▼アイランドピーク→元鶴岡八幡宮（北緯35・18・46／東経139・33・09）

距離　5000・895㎞　角度　66・42度　90－66・42＝23・18度

▼アイランドピーク→鹿島神社（貝須賀鹿島神社）（北緯35・14・14／東経140・23・31）

距離　5078・295㎞　角度　66・46度　91－66・46＝23・14度

▼アイランドピーク→子の権現天龍寺（北緯35・54・26／東経139・11・21）

距離　4962・358㎞　角度　65・58度　90－65・58＝24・02度

アイランドピークと日本の当該地点との機首角度は、90度から引いた結果をみると、地球の地軸のズレの角度、23・4度に近似していることがわかる。

前記以外にも、下記のとおり、日本には似たような数値を呈する場所が数多ある。

▼アイランドピーク→九十九里　八大龍王神社　北緯35・26・49／東経140・23・30

距離　5075・747㎞　角度　66・29度　90－66・29＝23・31度

▼アイランドピーク→熊野大権現神社　北緯35・32・47／東経140・22・44

距離　5073・391㎞　角度　66・20度　90－66・20＝23・40度

▼アイランドピーク→玉前神社　北緯35・22・33／東経140・21・37

距離　5073・742㎞　角度　66・35度　90－66・35＝23・25度

▼アイランドピーク→成田山　新勝寺　北緯35・47・09／東経140・19・05

距離　5065・158km　角度　66・01度　90－66・01＝23・59度

▼アイランドピーク↓千葉　猿田神社　北緯35・44・50／東経140・44・00
距離　5102・953km　角度　66・01度　90－66・01＝23・59度

▼アイランドピーク↓浅草寺　北緯35・42・53／東経139・47・48
距離　5019・022km　角度　66・11度　90－66・11＝23・49度

▼アイランドピーク↓神田明神　北緯35・42・07／東経139・46・04
距離　5016・559km　角度　66・12度　90－66・12＝23・48度

▼アイランドピーク↓川崎大師　北緯35・32・04／東経139・43・46
距離　5014・948km　角度　66・26度　90－66・26＝23・34度

▼アイランドピーク↓三島大社　北緯35・07・20／東経138・55・07
距離　4946・201km　角度　67・07度　90－67・07＝22・53度

▼アイランドピーク↓伊豆　高皇産霊神社　北緯34・55・15／東経138・54・55
距離　4948・188km　角度　67・24度　90－67・24＝22・36度

これだけでも不思議なのだが、アイランドピークから元鶴岡八幡宮までの距離は5000・895kmで、これを8倍すると、地球の円周4万kmに相当する。5000km前後の距離はいくらかヒットするが、これほどキリのよい数字は調べた限りでは元鶴岡八幡宮だけだった。

もちろん、私の理論に基づいて緯度経度などの数値取りが正確である場所という意味においてである。前章でも述べたように、元鶴岡八幡宮と当寺は緯度がほぼ一緒であることも何かの意図を感じる。

こうしてみると、地軸のズレの角度や、地球の円周など、惑星レベルというか、宇宙規模の数値になっているところが、じつに興味深い。

◉度々登場するスサノオ

これまで海外と日本との関係性についてみてきたが、日本のように「時間」という概念で地上に刻印してきたとする説を、そのまま海外にあてはめようとしても通用しないということは理解できた。しかし、緯度経度や距離、角度などの視点からみると、日本と海外、特にイスラエルやエジプトなどと関係性があるのではないか、という推測を持てるような共通項が色々あることもわかってきた。

こうしたなかで、では、エジプトやイスラエルなど中東といわれている地域となにゆえ関係性があるのか、という点が気になってくる。ここまでみると、ある日本神話に登場する神の存在がちらついてくる。ヤマタノオロチ退治などで活躍した、スサノオノミコトである。

スサノオノミコトと数字には何か関係があるのだろうか。

まず、緯度経度では当たらないものの、イスラエルやエジプトなどのラインに沿ってイランの「スサ」がある。スサについては先ほど触れたのでここでは割愛するが、決して関係性がないわけではない。

二つ目には、日本の時間軸上の寺社の祭神にスサノオ系が多いことが挙げられる。私はもともと須賀神社、宗我神社、須佐神社といったスサノオ系神社を追ってはきた。そして、実際に探ってみると、思った以上にスサノオ系神社が緯度経度の11、44、55などに配置していることがわかった。

スサノオ系というと、主祭神がスサノオというだけでなく、彼の子孫であるオオクニヌシノミコトや彼の姉であるアマテラスオオミカミなど、彼に関係する神々も加えてはいるので、何でもかんでもというイメージもないことはない。これについては様々な意見もあると思うが、私にはそれだけ人々がスサノオに対して絶大な信頼を寄せていた証左ではないかと思えてみえる。

そして三つ目は、スサノオは時間の神ではないが、アマテラスやツクヨミといった姉兄は太陽や月を支配し、それぞれが「時間」に関係しているということ。神話上では、スサノオは時を支配することはできなかった。支配できたのは、海や川などである。アマテラスの太陽、ツクヨミの月は大宇宙に存在し、大宇宙と一体である。宇宙の動きはまさに「時間」そのものである。

ところがスサノオは違った。どこまでも人間くさい。性格は粗暴、化け物を退治する膂力と勇気、そして人助けをする正義感をもち、歌も詠む風流人でもある。人間くさい神は他にもいるだろうが、スサノオほどわかりやすい神はいないのではないだろうか。

こうした性格もあってか、スサノオという存在は神話・伝説上の人物ではなく、実在したのではないかと私は考えている。だから、スサノオの逸話は、神話・伝説というよりも、実記に近いものだとも思うのだ。

にも関わらず、今回の検証により、スサノオノミコトに由来する寺社などが、時間軸に乗ってくるのだ。これはいったい、どういうことなのだろうか。

以下はあくまでも私の推論だが、こういうことが考えられないだろうか。

スサノオの出自はイラクの古代都市スーサだともいわれている。スーサは紀元前4700年前に現在のアジアとヨーロッパの交流都市として栄え、その後発展し、紀元前2000年代に入るとイラクを代表する都市国家になった。

スーサが交流都市であったことは、すなわち、物資等の交流にとどまらず、人の流出入も当然にあったことだろう。とすると、スーサから他の地に流れていった可能性は大いに考えられる。スーサの人々はやがて、メソポタミアなどとも交流していたとされており、メソポタミアはシュメール人がその素地を作ったとされている。シュメールは第2章でも説明したように、天文や数学を編み出した民族だ。

そして、古代都市スーサから流れた人々のなかに、陸伝いあるいは海路によって世界をめぐっていた可能性はある。また、スーサに居住していたエラン人（いまのイラン人の先祖）たちは、他民族と混血を繰り返しながら発展・成長していったとする説もある。

その後、海路を利用した者のなかに、日本に到達した者、そして陸路によって辿り着いた者など、いくつかのルートによって渡ってきた可能性はある。日本に辿り着いた彼らは、スーサの王や先祖たちの面影を忘れないようにと、日本に定着した際にスーサの神話を作った。その名残として今も生き続けているのが「スサノオ」であり、スサノオ神話だ。そう考える人も、私を含めて、いるのである。

◉スサノオの数字が語るものとは

私がこのような数値を追うきっかけとなったのは、当寺のすぐ裏に須賀神社が存在することだ。須賀神社を調べてみると、祭神は素戔嗚命である。スサノオは漢字で書くと、速素戔嗚尊、須佐之命など色々ある。

「スサノオ」という響きは、じつに人の心を揺さぶる。最近では、スサノオ人気も上昇していると聞く。スサノオにまつわる著書も多数出ている。

今から5年前、２０１５年にスサノオ展が東京渋谷の松濤美術館で開催された。読者の中にも観に行かれた方もいるだろう。私も観覧してきたが、スサノオにまつわるとても興味ある遺物を見ることができた。

意外だったのは、スサノオという神の人気の高さである。スサノオ研究で著名な京都大学名誉教授（当時は教授）の鎌田東二氏の講演には、予定人数を大幅に超える参加者がいて、立ち見状態になった。これほどスサノオという存在は人を惹きつけるのかと、そのとき改めて思ったほどである。

ところで、先述した須賀神社の他にも宗我神社など、スサノオを主祭神とする神社がいくつかある。須賀神社の創建は不詳となっているが、調べてみると、奇しくも古代豪族で権勢をふるっていた蘇我氏とも関係性がある神社も多いようだ。こうした、スサノオなどを祀る神社が、当寺の近隣に多く配されているのはなぜなのか、それを調べようと思ったのが本書執筆の動機となったわけである。

当寺のある上曽我は曽我梅林で有名なところだが、地名である曽我から須賀、宗我の各神社名がついたとも考えられよう。しかし、創建の由来をみると、どうも地名だけの問題ではないようだ。

調べている過程で、さらに驚くべき事実がわかった。当寺の本殿・母屋と墓地のちょうど中間を南北に活断層が走っていて、それが日本でも有数の活断層・国府津～神縄活断層なのだ。これは、地層・断層調査のために当寺の敷地に入って調査した東大・東北大学地質調査団の研究チームが明らかにした。

この活断層に沿うようにして、先のスサノオ系神社が建てられていることを知るまでに、それほど時間はかからなかった。取っ掛かりとして活断層とスサノオ系神社との関りがあるのかどうか、調べ始めたのである。

日本神話に登場するスサノオは、自然や穀物、海、そして歌の神である。先述したように、スサノオは素戔嗚、須佐之男、速須佐之男などいくつもの別名をもつ。スサノオの性格をもっともよく体現しているのは〝荒ぶる神スサノオ〟だろうか。

スサノオの出自は諸説あるが、記紀によると、父神のイザナギが根の国に隠れた妻のイザナミを追いかけ、その醜い姿を見て仰天して国に戻り、そのときの穢れを落とすために目や鼻などを洗ったとき、鼻から生まれたのがスサノオノミコトである。ちなみに、右目から生まれたのはアマテラスオオミカミ、左目から生まれたのはツクヨミノミコトである。

その後、スサノオはヤマタノオロチを退治して、オオヤマツミノカミの娘であるクシナダヒメを妻にめとり、そして妻クシナダヒメとともに出雲の須賀に居を構える。今の須我神社（出雲）がその地である。ここが日本初之宮、つまり日本で最初にできた宮とよばれる由縁だが、そこのさらに奥之院には夫婦岩が鎮座している。この須我神社は、富士山からみると真西に位置している。

スサノオには荒ぶる神のほか、歌の神、五穀の神、水の神などいくつもの顔があり、じつに豊かで個性的な表情をみせる。姉のアマテラスに会うために天つ国に行き、そこで乱暴狼藉を働くという激しさをみせるかと思えば、日本で最初に和歌を詠った歌人としての文才もある。

特に象徴的なのは、水難など水の災害を鎮める治水の神としての姿だろうか。実際にスサノオを祭神とする主要神社をみると、舟海の神として、すべてではないが川なり海なり、水辺なり、災害や天災が起きそうな場所に建立しているのが数多くみられる。

関東は前述のとおり、スサノオ系神社である氷川神社が集中している。一宮である大宮氷川神社をはじめ、川越氷川神社、赤坂氷川神社、渋谷氷川神社など、その数は3桁を超える。

氷川神社が鎮座する関東平野には、いくつもの河川が流れていた。家康が入植の折、現在の東京は湿地帯であり、入江が多い地形だった。神社が創建された場所には、いまは平地だが、当時は河川が無数に流れ込んでいた。現在の姿だけを見ていると寺社の現在置しか見えないが、創建時の地形まで考えると、その意味の奥深さが伝わってくるようだ。

◉スサノオと数字の関係を検証

私がスサノオと数字について関係性を考えるようになったのには、いくつかの理由がある。まず、スサノオを祭神とする寺社の国内における広がり方である。スサノオノミコトを祭神とする神社としては、氷川神社、八坂神社、津島神社、祇園神社などにみられるが、摂社・末社などを含めて何らかのかたちでスサノオを祀る神社となると、相当な数に上る。なかでも著名なのは京都の祇園社（今の八坂神社）であろう。

祇園社とは「ギヤオン」とも呼ばれ、インドなどにそのルーツがあるとされる牛頭天王を祀っていることで知られる神社である。祇園社の所以は祇園精舎と呼ばれる釈迦が説法を説いたとされる場所のことで、牛頭天王はその守護神として祀られていた。これが日本のスサノオと融合し、いつしか「牛頭天王＝スサノオ」として祇園社に祀られることになった。

これも先述したが、スサノオと薬師如来についても、一見すると関係がないようにみえるが、薬師如来は本地垂迹説に基づくと牛頭天王の化身とする考え方がある。この論理を別な視点でみると、スサノオノミコトの化身は薬師如来という考え方ができることを意味する。

こうしてみてくると、日本神話と数字、そしてスサノオという神話の神まで何らかのつながりがあるというのは、まるで以前からつながっていたと考えるほうが自然といえる。

◉スサノオエリアについて

鎌田氏によると、〃スサノオのエリア〃を出雲、熊野、関東と位置付けていた。私は鎌田氏の案をもう少し拡大解釈し、「出雲、経度135度、そして関東」の3カ所がスサノオエリアだと考えている。

熊野といえば、**熊野本宮大社**（北緯33・50・26／東経135・46・25）、**熊野那智大社**（北緯33・40・07／東経135・53・24）、**熊野速玉大社**（北緯33・43・56／東経135・59・00）の3社があり、全国の熊野神社の総本宮が鎮座している。これらはすべて東経135度ラインに入っているのだが、私の理論とは若干ズレている。ここがピタリとあてはまれば凄いことなのだが、なかなか思ったようにはいかない。

次にスサノオに縁が深いのは、何といっても出雲である。出雲には、スサノオにまつわる場所や地域、寺社が点在している。出雲大社、スサノオと妻のクシナダヒメとの宮があった須佐神社や須我神社をはじめ、スサ、スガという名称の神社や地名が点在する。

先述したように、日本初之宮といわれる須我神社のさらに奥には奥の院がある。奥の院には夫婦岩が祀られている。じつはその夫婦岩の裏にある石版には、文字らしきものが掘られている。どのような文字なのかは風化していて判然としないが、同じく訪れた知人の話では、ホツマッタエなどの古代文字が書かれているのではないかと推測していた。

出雲大社の祭神はオオクニヌシノミコトである。これについては諸説あって、本殿の裏側にある小さな祠に祀られている祭神が、本来の主祭神だともいわれている。その小さな祠の祭神は、スサノオノミコトである。ただし、出雲大社は残念ながら数値的に若干ズレてしまう。あくまで須我神社だけなのである。

そして、最後に残った関東については先述したとおり、スサノオの由縁ある寺社や数字が随所に残されている。

じつは、日本神話という視点でもう一度、西の方を調べてみた。すると、角度についてみると、九州は宮崎の高千穂あたりから関東にかけて、何らかの関係性があることもわかってきた。さらなる検証が必要である。

第5章

数字の意味を探る

数字の秘密

◉数字の歴史

ところで、ぞろ目、角度、経度緯度、地軸のズレなど、色々な事象の共通項といえばまぎれもなく「数字」である。一体、数字にはどんな意味が隠されているのだろうか。

本章では「数字」そのものについて取り上げてみようと思う。とはいっても、私は数学者ではなく僧侶なので、学者的なことを論じるつもりはない。むしろ、本書にとってどれほど数字が重要なファクターなのか、その辺を調べ、考察してきた経緯において、自分なりに出した結論をここで紹介する。

さて、数字が我々人間にとってどんな影響を及ぼしているのかについては、第1章の占術で触れたとおりである。占いをみてもわかるように、人の宿命は数字に大きな影響を受けるということは、ある程度理解いただけただろう。

占いに限らず、我々は日常生活のあらゆる場面において数字を多用している。数字とは摩訶不思議である。数字が苦手だという人でも、お金の貸し借りになると頭の中で計算するだろうし、時刻を読むときにも針やデジタル表示の示す値で何時何分かを確認する。

生活において数字とはなかなか便利かつ重宝で、ないと困るものだが、では、数字とはいったいなんなのかと聞かれても、すぐには答えが浮かばない。わかっているようで、じつは何もわかっていないのが数字の世界ではないだろうか。

また、第2～3章では、関東地方や日本において、ぞろ目という経度ラインが時間軸ではないかと推論を立てた。このぞろ目という数字も、意味をもっていなくもない。つまり、数字には何かしらの力がある、意味があると思うわけである。

そこでまず、現在の人類が使っている数字の歴史を少しだけ紐解き、第2章でいうぞろ目などの意味を探ってみようと思う。

◉インド発祥の数字

数字の歴史を紐解くときに、最初に出てくるのはインドである。その後、エジプトやシュメールといった古代文明において今のような数字に固まったとされている。その後、急速に発達し、のちにアラビアを通り、ヨーロッパにまで広がる。現在私たちが使っている「123……」という数字を「アラビア数字」と呼ぶのは、アラビアを経由したからだといわれている。

アラビア数字以前は、教科書でも見たことのある楔《くさび》模様や絵文字など、記号に似たものを使用していた。そんな数字の歴史で私が注目したのは、シュメール文明における数字の進展である。シュメールについては色々な学者や識者などが検証しているのであえてここでは言及しないが、出自についてはいまだ不明の民族であることだけ触れておく。

さて、シュメールは、当時はまだ体系化されていなかったメソポタミア地方において急速に文明を築き、やがて世界4大文明の一つ、メソポタミア文明の礎を築いたことで知られる。

メソポタミアにおける文明の発展は顕著で、たとえば60進法が生まれたのもこの文明からといわれる。60進法の発明は、分数や代数学、天文学、立法や乗法などの進展に大きな貢献をしたほか、時間や分（1時間＝60分、1分＝60秒）、円が360度（60×6）という表現も、60進法が基底になっている。

数字の世界で大革命が起きたのは、0（ゼロ）が生まれてからといわれる。0（ゼロ）はインドで生まれ、アラビアを経由し、ヨーロッパに伝わった。ゼロの発見は画期的だった。それまでの数字は「位取り十進記数法」といって1の位置によって数字が代わるというものだった。ゼロがまだなかった頃は、ゼロの位は空位にしていたり、あるいは何かで代用していたから、ゼロの発見によって位取りが容易になったという。

ちなみに現在の日本の数字は、位取り十進記数法が使われている。

余談だが、日本をはじめ各国の数字の読み方についてはそれぞれの特徴がある。たとえば日本では、11から19の10桁は10＋当該数字、21以降は当該桁×10＋下一桁となっている。似たような読み方はドイツで、19までは日本と一緒で、21からは当該数字上、一桁と下一桁×10（34の場合は、3と4×10で34）となる。

わかりづらいのはフランスの数字の表現。60台までは規則性があるが、70台は60＋10台、80

台からは80だと4×20、81は4×21という表現になる。さらに、90台以降になると4×20＋10＝90というように少しややこしい。これをみるとわかるとおり、フランスの場合、80台以降は20進法を用いているのが特徴だ。

◉数字に込められた意味

さて、ここからは数字の意味について考察してみる。

第1章で取り上げた占術などをすると、その数字の意味は納得できる部分が多い。数字が人の運命に大きな影響を与えていると考えると、数字に対する畏怖の念を抱く。

仏教の世界にも独特の数字の世界は存在する。たとえば7という数字は、亡くなった人を納棺してから七日目の初七日、49はあの世の行き先がわかるという四十九日（一説にはブッダが修行をした際に1週目ごとに出来事があり、7週目にして悟りを開いたことから49日での生まれ変わりを意味する）、1は1周忌、3は3回忌、以後、7（7回忌）、13（13回忌）、17（17回忌）、23、27、33、などは知られているところだろう。

そのほか、6（六道）、16（ブッダの弟子といわれる16弟子）、4と8（ブッダの入滅した4月8日にちなんで）、12（12縁起など）、１０８（煩悩の数）、8（八正道）、10（ブッダの高弟の数）、11（11面観音）、33（天界に住む神の数）、などがある。

ちなみに、除夜の鐘で有名な「１０８」という数字は、煩悩の数を表す。数学的にみると、この１０８という数字は合成数（1と自身数以外に約数がある数字のこと）で、公約数のなかに27や36が含まれる。

仏教では、7という数字は3と同じく大切な数字といわれる。年忌にも7という数字（7回忌、17回忌、27回忌など）は多く含まれているほか、27は人が亡くなってから14日目のことを二七日と呼ぶなどがある。

また、36という数字は、煩悩の眼・耳・鼻・舌・身・意の六根にそれぞれ6つの煩悩があると解され、総計36あることに由来するといわれる。この36の煩悩は、過去・現在・未来にそれぞれ存するという考え方から、36×3と27×4で１０８という数字が導かれる。

この27や36という数字については、私の理論上でも様々出てくるが、いずれまたの機会に説明しようと思う。


ちなみに、キリスト教なども数字と縁が深い。たとえば、３（三位一体）、６（天地創造までの日数、六芒星など）、10（十字架、十戒）、12（12使徒）、13（最後の晩餐の出席者数）、40（イエスが断食をした日数、ノアの洪水の日数）、66（聖書の書物数）、１５３（ヨハネの福音書：キリスト復活後に漁で捕獲した魚数）、３００（ノアの箱舟の大きさ）、６６６（獣の数字）など、枚挙にいとまがない。

とりわけ、イエス・キリストにまつわる数字は8といわれ、救いを表す、あるいはイエスを象徴する数字とされている。たとえば、ノアの箱舟に乗った人間は全部で8名とか、エルサレムに入場したイエスが復活をしたのは8日目の日曜日だったとか、「神の子たち」という言葉

❖5-1　パルテノン神殿の比率

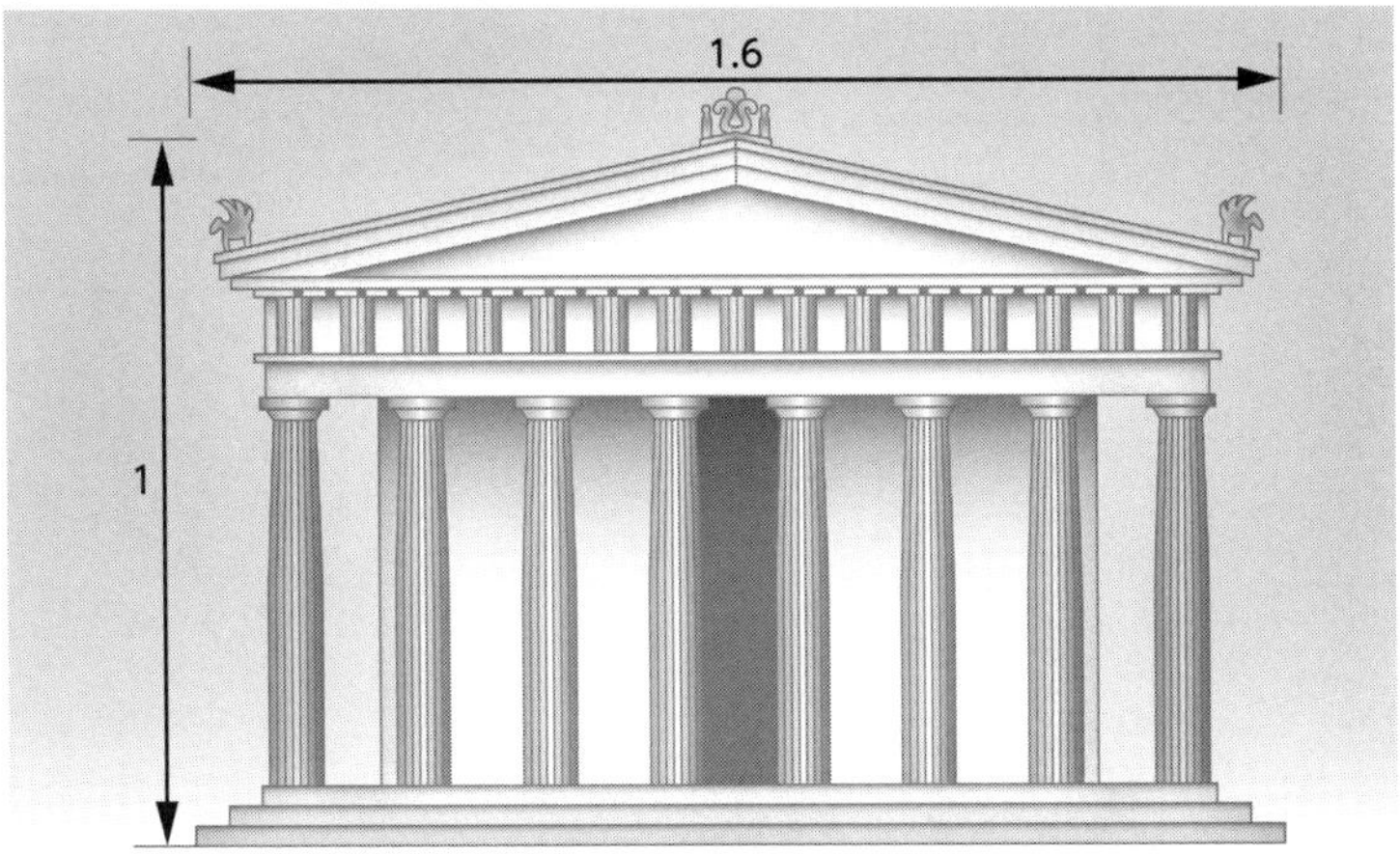

をギリシャ語やヘブル語に訳したときのアルファベットを数字に換算する方法（ゲマトリア）で計算すると、8の倍数や、8に関係した数字が多数出てくるという。

◉黄金比と白銀比

ところで、この世の中でもっとも美しいとされている比率による建造物・創造物というと、ギリシャのパルテノン神殿（5―1）やミロのヴィーナス像、ピラミッドなのだそうだ。ご存じのとおり、これらに共通している比率は5：8で、至るところに使われている。正確には1：1・618……となるのだが、この比率を一般的に「黄金比」と呼んでいる。

この黄金比は自然界にも多数存在している。たとえば樹木の枝分かれの仕組み、ひまわりの種のつき方、バラの花びらのつき方、オーム貝（5―2）など巻貝のらせん構造などで目にすることが

❖5-2　オウムガイ

❖5-3　黄金長方形

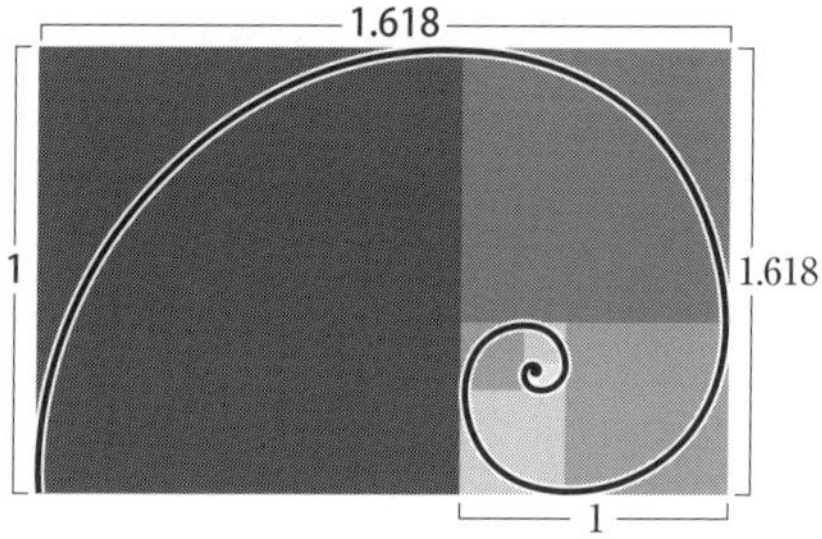

できる。これを図で示したのが5―3である。

黄金比はイタリアの数学者、レオナルド・フィボナッチが定義したフィボナッチ数列でもみてとることができる。フィボナッチ数列とは1、1、2、3、5、8、13、21……というように、最初の数と次の数の和が、その次の数になるという数列のことである。

この数列の数字同士の間隔が、計算すればするほど限りなく黄金比の1：1・618に近似することがわかっている。

もう一つ、黄金比のように美しい究極割合がある。日本では馴染みのある比率で、縦横の比率が1：√2になっているもの、つまり、1：1・414である。これは「白銀比」と呼ばれる。代表的なものとしては、A4とかB5といったA判、B版の用紙、文庫本のサイズなどがこの比率になっている（5―5）。

日本の家屋や昔の建築物には白銀比が多用されているといわれる。たとえば、寺院境内にあ

❖5－4　当寺鐘楼

❖5－5　白銀比

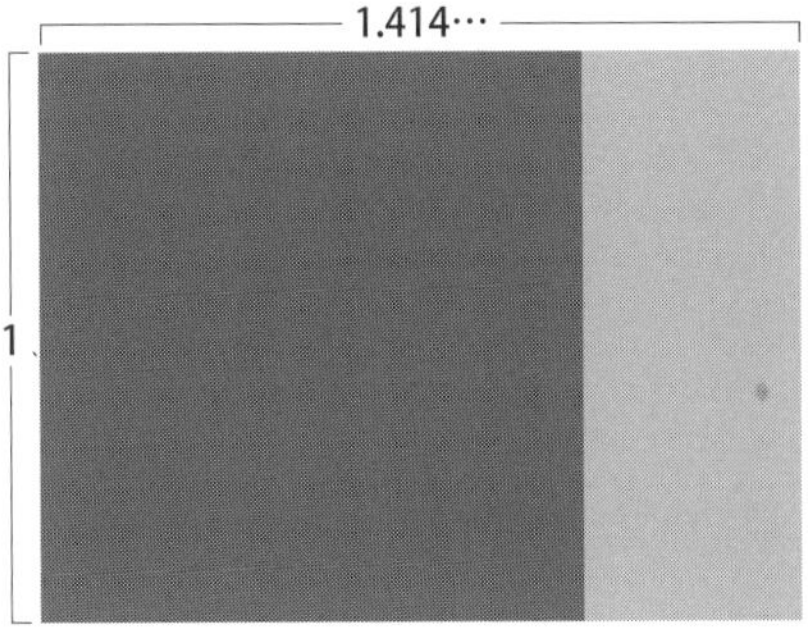

る鐘楼は、白銀比をもとに建築されているし、寺社や古式家屋でよく目にする格子戸も白銀比になっていることが多い。当寺の鐘楼の造りも白銀比である（5―4）。木材の1辺を1とすると、角材の対角線は$\sqrt{2}$になる大きさだ。白銀比が生まれた背景には、丸太から木材を切り出すのに無駄が出ないように、正方形状にして切り出すという古の人々の知恵がある。

黄金比はダイナミックかつ動態的であるのに対して、白銀比は静謐かつ静態的で、「大和比」ともいわれ、日本人の美的感覚を体現している。

◎数字と占いの関係

私はお寺の住職という職業柄、人の死というものに向き合って仕事をしている。必然的に故人の生年月日やそれまで歩んできた人生を聞く機会が多い。そのためか占いというものにとても興味を持っている。

占いは天体の動きと連動しているということは第1章で述べた。天体の運行には狂いがない。動きそのものが普遍的であり、すべての原点でもある。その狂いのない天体の動きが、地球上で暮らす我々人間の様々な指標となっている。つまり、「時=時間」とは、揺るぎない普遍的存在である宇宙の営みである。

「時間は真理の父である」と15世紀のフランスの人文主義者フランソワ・ラブレーはいっているが、時間が真理であるというのはいい得て妙である。

では、ラブレーがいう真理とは一体なんなのだろうか。

私が思うに、真理といっても抽象的すぎるので、この場合は「時間や天体の動きを『数字』で表した」と解するとわかりやすいのではないだろうか。

◉タロットの数字について

話が飛躍して申し訳ないが、ここで少々タロットの話をしようと思う。私もよくタロットカードを手にするのだが、数字のことを説明するのにタロットも参考になりそうなのだ。

第1章でも触れたが、タロットの起源は諸説あって正確なところはわからない。一般的には15世紀頃、北イタリアで作られたのが最古の記録とされている。

トランプとタロットでは、どちらが先に作られたのか定かではないようだ。トランプはプレイングゲームといわれるように遊戯として用いられたのに対して、タロットは主に占いとして利用されたと伝えられている。

タロットカードは全部で78枚あり、22枚の大アルカナと、56枚の小アルカナで成り立っている。特に、22枚の大アルカナを使ったタロット占いが、近年では一般的とされている。

22枚の大アルカナのカードには、それぞれ絵柄が描かれていて、0愚者、Ⅰ魔術師、Ⅱ女教皇、Ⅲ女帝、Ⅳ皇帝、Ⅴ教皇、Ⅵ恋人、Ⅶ戦車、Ⅷ正義※2、Ⅸ隠者、Ⅹ運命の輪、Ⅺ力※2、Ⅻ吊された男、XIII死神※3、XIV節制、XV悪魔、XVI塔、XVII星、XVIII月、XIX太陽、XX審判、XXI世界の意味がある。

また、タロットカードには正位置と逆位置という独特の考え方がある。たとえばタロットの1の魔術師は、起源、創造、アイデアが豊富といった意味になるが、逆位置になると、消極性、無責任、遊び人など、ネガティブな意味に変わってしまう。ここがタロットの面白いところだ。

22枚のカードの順番についてはタロットカードによって、愚者が22枚目であったり、正義と力の順番が入れ替わっていたりする場合もある。しかし、単純に上記順番でみていくと、タロットのぞろ目の数字では、1は魔術師、11は力、22は世界という絵柄になる。もちろん、タロットの意味がすぐに経度にもあてはまるとは考えにくいが、まったく意味をなさないとも限らない。より検証が必要だ。

ぞろ目は何を示すのか

◉ぞろ目の真の意味とは何か

さて、タロットまで引き合いに出して「ぞろ目ぞろ目」といってきたが、肝心の「ぞろ目とは何か」については、まだ説明不足だ。

現在のサイコロは6面体で、対面同士を足すと7になる。サイコロについて色々調べてみると、諸説あるのであくまでも資料としての域だが、出自は古代エジプトあたりとされている。日本に渡ってきたのは中国を経由してのことで、奈良時代あたり。当時は正6面体だけでなく、8面体、12面体、20面体といったサイコロも使っていたようだ。

日本で〝ぞろ目〟というようになったのは、江戸時代からである。博打打ちの言葉からきているのだろうが、もともとは「揃い目」といったそうである。

そもそも経度上にあるぞろ目は、現代の測量技術、例えばGPSなどを使って測量をした結果である。つまり、現代の数値だとぞろ目になっているが、古代ではぞろ目ではなく、もっと別な何かに置き換えられていたとも考えられる。

確かにぞろ目のラインにそって建てられた建物などは、古刹であったり、創建年不詳の神社であったりする。古いところでは、創建からじつに2000年以上経っているものもある。こうなると、偶然にしてはあまりに精度が高いのは、何かしら意図的なものを感じずにはいられない。しかし、この異常とも思えることが、当時は異常ではなく、必然的に測定していた結果だとするならば、いったいどんな人たちがやったというのだろうか。

◉ぞろ目は何を物語るのか

ぞろ目の話をもう少し。現代の測量数値で経度を追ってはいるものの、当時の測量は今のような測量法や緯度経度とは違った計測の仕方をしていたと思われる。たとえば、三角法だろうか。

私が思うに、現在の測量方法とは違っていたにせよ、少なからず、現在の測量技術に近い方法で測量していたと考えることができる。

ちなみに経度について触れると、今のイギリスにあるグリニッジ天文台を本初子午線として、東は東経、西は西経として測量している。つまり、グリニッジ天文台が起点になる。グリニッジというと、本初子午線ともなっているので、絶対にズレはないと思いがちである。しかし、GPSで測定すると、意外にも経度が00・00・00にはならない。もちろん、何キロもズレているわけではないのだが、実測と、GPSでは若干のズレが生じている。

とはいっても、今から数千年前にグリニッジ天文台を緯度経度の起点にしたわけではない。

グリニッジ天文台を本初子午線と設定したのは、1800年代後半である。さらに調べてみると、経度の歴史は、今から約2200年前のアレクサンドリアの時代まで遡る。

余談だが、アレクサンドリアというと、「シエネの井戸」で有名なエラトステネスを思い浮かべる。話は紀元前250年頃のアレクサンドリア。ここに住む古代ギリシャの哲学者であり地理学者、数学者でもあったエラトステネスは、井戸に太陽が差し込んでいるところから、地球の大きさを初めて測定した人物として知られる。

一体どのように計算したのか、イラストを用いて示すと5―6になる。

❖5-6　シエネの井戸

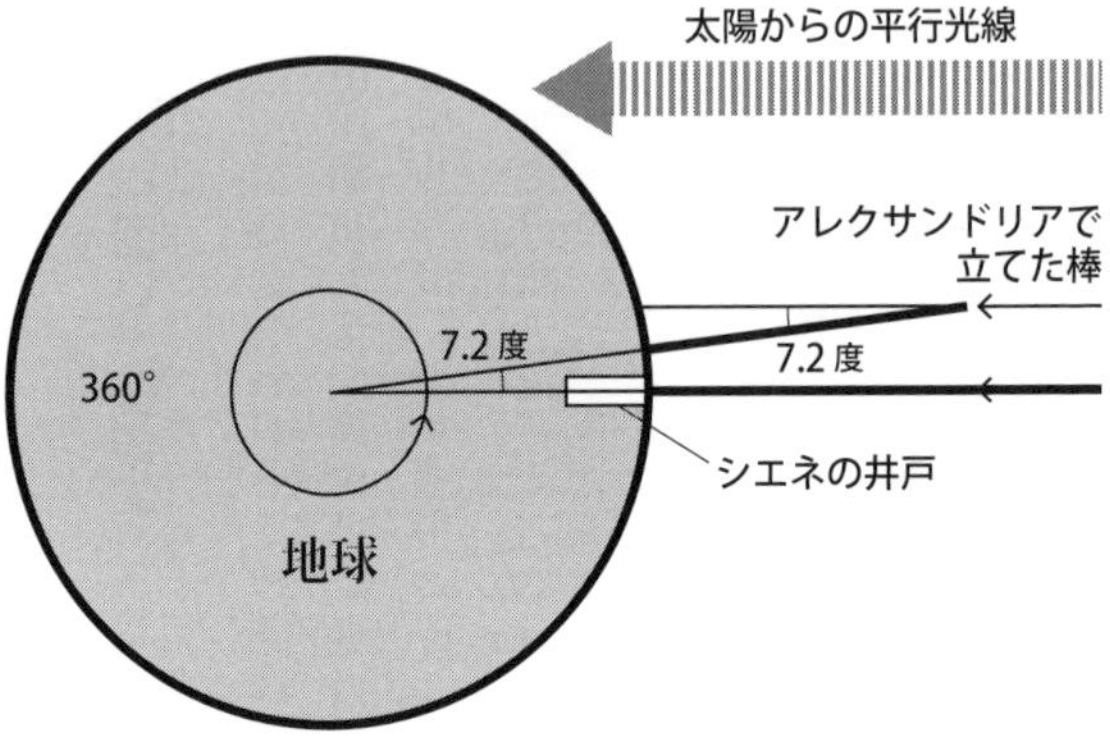

当時、エラトステネスが住むアレクサンドリアと、アレクサンドリアの真南にあたるシエネという町は、平面上にあるといわれていた。

エラトステネスは、シエネの井戸が、夏至の頃、太陽が井戸の真上に差しかかると、井戸の底に太陽がくっきりと映るという話を耳にしていた。そこで彼は、アレクサンドリアに棒（一説には背の高い塔ともいわれている）を立て、夏至の正午に差し込む影の様子を観測しようと試みた。正午になると、太陽は真上ではなく、やや斜めから差し込んで、立てた棒の影が地面に伸びた。棒の先端から地面に伸びた影の先端までの角度を測ったところ、7・2度（または7・5度ともいわれる）だった。

この結果からエラトステネスが導いたのは、アレクサンドリアとシエネは、どちらも平面上にないということである。もし地上が平面であれば、アレクサンドリアに立てた棒は、夏至の正午には影が地面に伸びることはなかったはずだ。シエネの井戸と同じような現象が現れるはずである。ところが実際は、7・2度の角度で影が地面に映った。このとき彼は、地面はじつは平面ではなく、弧を描いていると感じたといわれる。つまり、地球は円であるということを直感したのだそうだ。

エラトステネスが生きた紀元前250年頃というと、すでに地球球体説が説かれていた時代である。球体であると実体験上で証明したのは、マゼランが海洋に出てからのことだといわれている。彼が世界周航に出かけた16世紀初頭までは理論的に球体ではないかといわれていたものの、実証には2000年近くの時間がかかったことになる。

当時、アレクサンドリアからシエネまでは歩いて測定したらしく、5000スタジア（1スタディアン≒約185m）といわれていた。エラトステネスは、アレクサンドリアからシエネまでの距離5000スタジアを使って、夏至の太陽と地面との角度、そして角度差から、地球

❖5-7　アレクサンドリアとシエネ

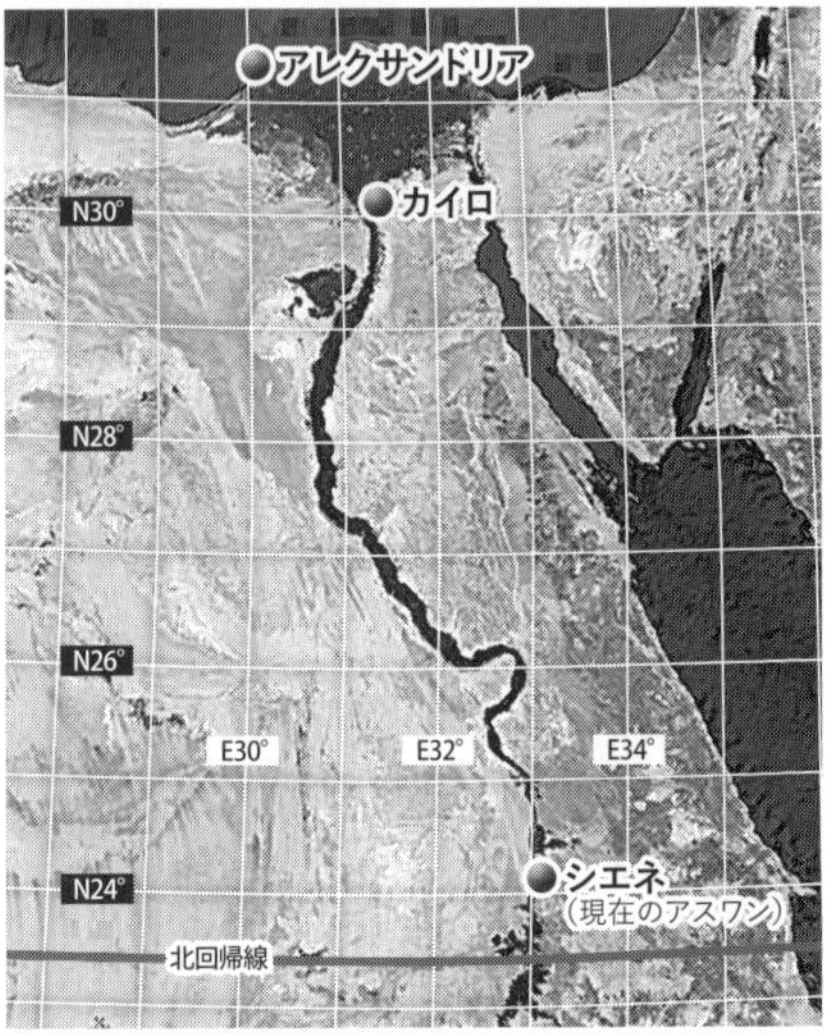

の大きさを計算したのである（5—7）。

計算式は、地球の半径をr、円周率πを使うと以下のようになる。ちなみに、πは現在のような3・14159 26……というように正確な数字は明らかになっていないものの、すでに古代エジプトや古代バビロニア時代に直径に対する円周の比率は一定であることや、エラトステネスとも交流があったとされるアルキメデスは、3の1／7と、3の10／71の間に円周率があることを発見していたといわれる。

さて、計算式は以下のとおり。

2πr：360度＝5000スタジア：7・2度

ここから、r＝39800スタジアと算出できる。

よって、地球の円周は、2×39800×3・14＝249944≒25万スタジアとなる。

これをkmに換算すると、4万6239・640km、つまり4万6240kmというわけだ。

地球の半径はというと、1スタディアンが約185mだから、39800×185＝7363㎞になる。

実際の地球の外周は、4万75㎞、赤道半径は6378㎞なので、エラトステネスが導き出した円周との誤差は6165㎞、半径は985㎞だ。誤差率は円周も半径も15・4％であるが、GPSも定規も使わず、太陽と影だけで地球の大きさを測定したことのすごさと誤差率の低さは、素晴らしいというほかない。


余談が長くなった。本初子午線が国際標準になったのは19世紀になってからだが、それまでは各国で本初子午線が用いられてきた。ならば、古代日本にもそうした本初子午線に近いものがあって、そこを起点に測量したと考えても何ら不思議はない。

現在の日本の標準時は明石（兵庫県）で、グリニッジ天文台から9時間差のある時間を標準時として採用した。ここも、東経135度という、これまで調べてきた数値上では色々な要素を含む場所なのだが、いずれにせよ、日本の近代ではこうした標準時を軸としてきた経緯はある。

だからなのだろうか。前述したように東経135度ラインを時間の中心軸と捉えてしまいそうになる。現代であればそうなのかも知れないが、私が検証しているのは現代ではなく、過去である。135度は確かに不思議なラインではあるし、古代でも135度44分は時間軸の基軸の一つだったといえる。

しかし、私が求めているのは、もっと精度の高い、高次元の人々が作り出した時間軸である。

こう見てくると、数字というのは不可思議としかいいようがない。先のぞろ目の話に戻るが、結局、何かの理由があって寺社などを建てたりしてきた以外、どうしても理屈が通らないことが多い。

今いえることはただ、精度としてはあまりにも精緻かつ正確であり、当時の尺度の測定技術がいかに優れていたのか、改めて驚嘆せずにはいられないということだ。

◉ぞろ目とオベリスク

先日、エジプトとイスラエルに弾丸取材旅行に出かけた話は先述したとおりだが、古代エジプトを象徴する建造物のひとつにオベリスクがある。オベリスクとは「obeliskos（串）」というのだそうで、後世のギリシャ人がこれを眺めたときに串を思い浮かべたことが起源とされる。日本語に訳すと、記念碑というのがわかりやすいが、専門用語を用いると方尖柱《ほうせんちゅう》と呼ぶのだそうだ。

さて、古代エジプトでは、神殿などの建造物の正面にこのオベリスクを2本建てることが多かったとされる。今、世界各地にあるオベリスクの多くは、1本のものが多い。なんでも、世界にあるオベリスクは古代エジプトの遺跡を移築したものなども多いことから、大抵は1本のオベリスクしか立っていないようだ。

しかし、エジプトのルクソール神殿にあるラムセス二世のオベリスクは、2本が対で立っている。もともとは、太陽神を祀る神殿に2本立てられていたそうだが、時代の変遷や、信仰する神の拡大などに伴い、建物の前方に建てられるようになったらしい。

私が注目したのは、2本の柱が立てられていた、ということだ。柱をみると、数字の「1」にみえなくもない。もし、「1」であるならば、2本のオベリスクが立っている様子は、さしずめ数字の「11」とみえなくもない。

オベリスクは、神殿などの入り口に立っているモニュメントになる。入口付近に立っているモニュメントというと、日本で目にするのは神社仏閣などの入り口に立つ鳥居を連想させる。

鳥居は、2本の柱の上に横柱を載せている。この横柱の形状によって、神明鳥居や山王鳥居と呼称に違いが出てくる。

日本にある鳥居は、鳥居の内と外の境界線に建てられているが、もともとは2本の柱だったともいわれる。寺院仏閣の山門は、今は五間三戸《ごけんさんこ》、三間一戸、一間一戸など、規模によって呼称も違ってくるが、簡単なものだと2本の柱を立てたものになる。

このようにみると、山門や鳥居も、オベリスクと同じく、数字の11、つまりぞろ目といってもいいのかも知れない。

◉ぞろ目の地域や建物

日本でもぞろ目を用いた名称が多々ある。京都の三十三間堂、三十三霊場、四国八十八カ所など、探すと色々な個所で使われていることがわかる。

三十三間堂は、東面して南北に延びるお堂内陣の柱間が33ある。「三十三」という数字は、観音菩薩の変化身三十三身に基づくといわれる。

ところで、地球上にはぞろ目の場所というのがあるのをご存知だろうか。陸上でぞろ目の場所というのは世界に9ヵ所しかないそうだ。その希少な場所の一つが、日本の高知県にある。

高知県弥生町の緯度経度は、

北緯33・33・33／東経133・33・33

と、3並びである。

そのほかの陸上における世界のぞろ目地域を列挙してみると以下のとおりだ。

アフリカ（4ヵ所）

北緯11・11・11／東経11・11・11（ナイジェリアのバウチの北東の林）

北緯22・22・22／東経22・22・22（リビアのアルクフラ　南東の砂漠）

南緯11・11・11／東経11・11・11（ギニアのダボラとディンギラエの県境付近）

南緯22・22・22／東経22・22・22（ボツワナ　ガンジの南東の砂漠）

ロシア（2ヵ所）

北緯44・44・44／東経44・44・44（スタヴロポリ地方の農地）
北緯55・55・55／東経55・55・55（パシコルトスタン共和国　森の中）

スマトラ島（1ヵ所）

北緯（南緯）00・00・00／東経100・00・00（山の奥地）

オーストラリア（1ヵ所）

南緯22・22・22／東経122・22・22（サバンナの中）

ぞろ目の緯度経度というのは大抵海洋上にあったりするらしく、陸上にあること自体は希少だそうだ。実際に調べてみると、大平原やサバンナ、森の奥地など、ネット上では簡単に検索できても、容易に行ける場所はなかった。

その点、高知県弥生町は唯一、人が普通に生活する環境であり、かつ、気軽にアクセスできる場所だ。ここは「地球33番地」といわれ、モニュメントまで建っている。

◉ぞろ目と吉兆

ぞろ目は珍奇で希少という意味合いがある一方、吉兆が如実に表れるという特徴もある。その一つが災害関係である。たとえば、9月11日（世界同時多発テロ）、3月11日（東日本大震災）がつとに有名だが、災害以外でみると、暦上では2月11日（建国記念日に隠された神武との関係）、3月3日（ひな祭り）、5月5日（端午の節句）、7月7日（七夕）などがある。このほか、八十八夜、喜寿（77歳）、米寿（88歳）、白寿（99歳）などが挙げられる。

ちなみに、第一次世界大戦が勃発したのは1914年7月28日だが、終結したのは1918年11月11日である。

このようにぞろ目というのをみると、何か理由がありそうだし、まったく意味はなさそうにも感じる。ところが、同数字が並ぶことでインパクトがあるせいか、単なる偶然にしては意外に記憶に残る事象などが多いのは不思議である。

ぞろ目を別の角度から検証してみよう。スピリチュアル的な話になるが、「エンジェルナンバー」すなわち天使のメッセージというのを聞いたことはあると思う。曹洞宗の住職が天使を語るのも違和感はあるが、あくまでも解説なのでご容赦願いたい。

さて、エンジェルという存在はぞろ目と深い関係があるといわれる。

エンジェルナンバーの意味は諸説あるが、一般的には以下のようにいわれている。

すべての根源はゼロであるということから、00は原点であり、スタートもしくはリセットを意味する。

11は、創造性の高さとなる。

22は、創造の熟練者、マスタービルダーとも呼ばれている。すなわち、思考の現実化をする力のある人のことをいう。

33は、アセンデッド・マスターの存在が周囲にあるということ。アセンデッド・マスターとは高次元の存在、つまり、仏陀やマリア、イエス・キリストなど、過去に人間として生活した高次元の意識をもつ人々を指す。

44は、天使たちが大勢いることを指す。天使たちの波動が感じられるという。

そして55は、変化・変容・変身などを指す。

このぞろ目のエンジェルナンバーと、私が導き出した経度緯度がどのような関係なのかはわからないが、ぞろ目というのは何かしら高次元のエネルギーを有しているということなのだろうか。


これまで数字の成り立ちから意味などについて語ってきたが、結局、第2章でいう11、44、55というぞろ目については、次のような意味と解することができる。

11……力(タロット)、創造性
44……天使の波動
55……変化、変容など

これらと、時間の軸とどのような関係性があるのかはわからないが、他の22(世界、思考の現実化)、33(高次元の存在)などの意味からすると、ぞろ目自体は、世界、高次元など、通常以上の力や存在が隠されているということになるだろうか。

面白いのは、55の「変化、変容」である。55の次は順序からいくと00になるが、55と00との間にはいったいどんな数字が隠れているのだろうか。60進法ならば、55から00までの間には、56、57、58、59が隠れていることになる。

では、それ以外ならどうか。44から55までのように11間隔ならば、66進法になるので、56~65までの数字が隠れていることになる。

このように、他のぞろ目と違い、55は00になるまでの数字の数が変幻自在になる唯一の数字ということだ。まさに「変化、変容」である。

どうだろう。こうしてみると、ぞろ目というのは不思議な数字とは思わないだろうか。

しかも、日本の時間軸の分と照合すると、意味ありげなことが浮かび上がってくるのである。

同じく、カバラ数秘術でみると、以下のようになる。

11……高い理想、挑戦、優れた洞察力
44……希少な存在、周囲に与えるパワー、恵まれた才気
55……変容

11と55は、エンジェルナンバーも、数秘術も、同じような意味である。

ここから導き出せることは、44は高次元の中心、11は想像や挑戦、55は変容となる。変容とは、姿形が変わることだそうだ。55のあとは、11まで16の間隔となる。ほかは11の間隔だが、ここだけが変わっている。ちなみに経度55分には、三峯や三島がある。

どうだろうか。刻印はぞろ目だから押したというわけではないだろう。現代の測量の測定値だとぞろ目であっても、刻印した当時はぞろ目という考え方などなかったはず。もしかすると、ぞろ目とはいわないまでも、別称があったのかも知れない。

いずれにしても、非常に精緻な数値取りをしていることは疑う余地はない。

第6章

瑞雲寺と数字との関係

瑞雲寺の謎

◉瑞雲寺の周辺を探る

さて、本章では、当瑞雲寺のある曽我という地域を中心に、数字的つながりを探ってみる。というのも、本書の契機となった場所であるので、ここいらで原点である当寺や周辺について紹介しようと思う。さらに、海外との関係の可能性についても検証してみる。

神奈川県の西部に位置する小田原市の東側にあたり、JR東海道線の国府津駅から静岡の御殿場駅までを結ぶ御殿場線沿いの小高い山陵に沿って広がる地域、ここが当寺の所在する曽我である。

この山陵は、神縄~丹沢活断層が南北を走る、いわゆる活断層である。4つのプレートが交わっている世界有数の活断層で、隆起型の山であるうえ、世界有数の低い標高の山でもある。

この辺は梅林地帯となっており、年明け2月から梅の花が咲き誇り、関東三大梅園の一つに数えられている。梅見シーズンが終わり梅雨の時季になると大ぶりの梅の実がつき、様々な梅製品に生まれ変わる。

さて、当寺は曽我梅園に隣接し、上述した活断層の上に位置する。経度は11分。しかも、富士山に限りなく近い。

ところで、当寺の周辺には次のような寺社がある。以下の座標をみてほしい。

渋沢　須賀神社　北緯35・21・56／東経139・10・45　祭神：荒神
曽我　須賀神社　北緯35・18・39／東経139・10・50　祭神：荒神
曽我　瑞雲寺　北緯35・18・38／東経139・10・49　本尊：十一面観音／薬師／力不動
曽我　不動山　北緯35・18・59／東経139・11・51　活断層
富士山　久須志神社　北緯35・21・56／東経138・43・58　祭神：薬師

実際にグーグルの地図を使って表示してみると、次のような配置になる。

当寺のすぐ北方には須賀神社があり、さらにその北に須賀神社（渋沢）、東方に不動山が位置する（6―1）。須賀神社同士はほぼ同経度にある。

当寺は、本尊が十一面観音菩薩だが、薬師如来、力不動尊も境内に鎮座している。力不動尊には面白い逸話があるが、ここでは紙数の関係で割愛する。ご興味のある方は拙著『蘇我氏と曽我兄弟に教えられたこと』（幻冬舎ルネッサンス刊）を参考にしてほしい。

さらに、もう少し広範囲で眺めてみると、55分のライン上の三峯と三島の北に両神《りょうかみ》神社があ

❖6-1　当瑞雲寺周辺（狭域）

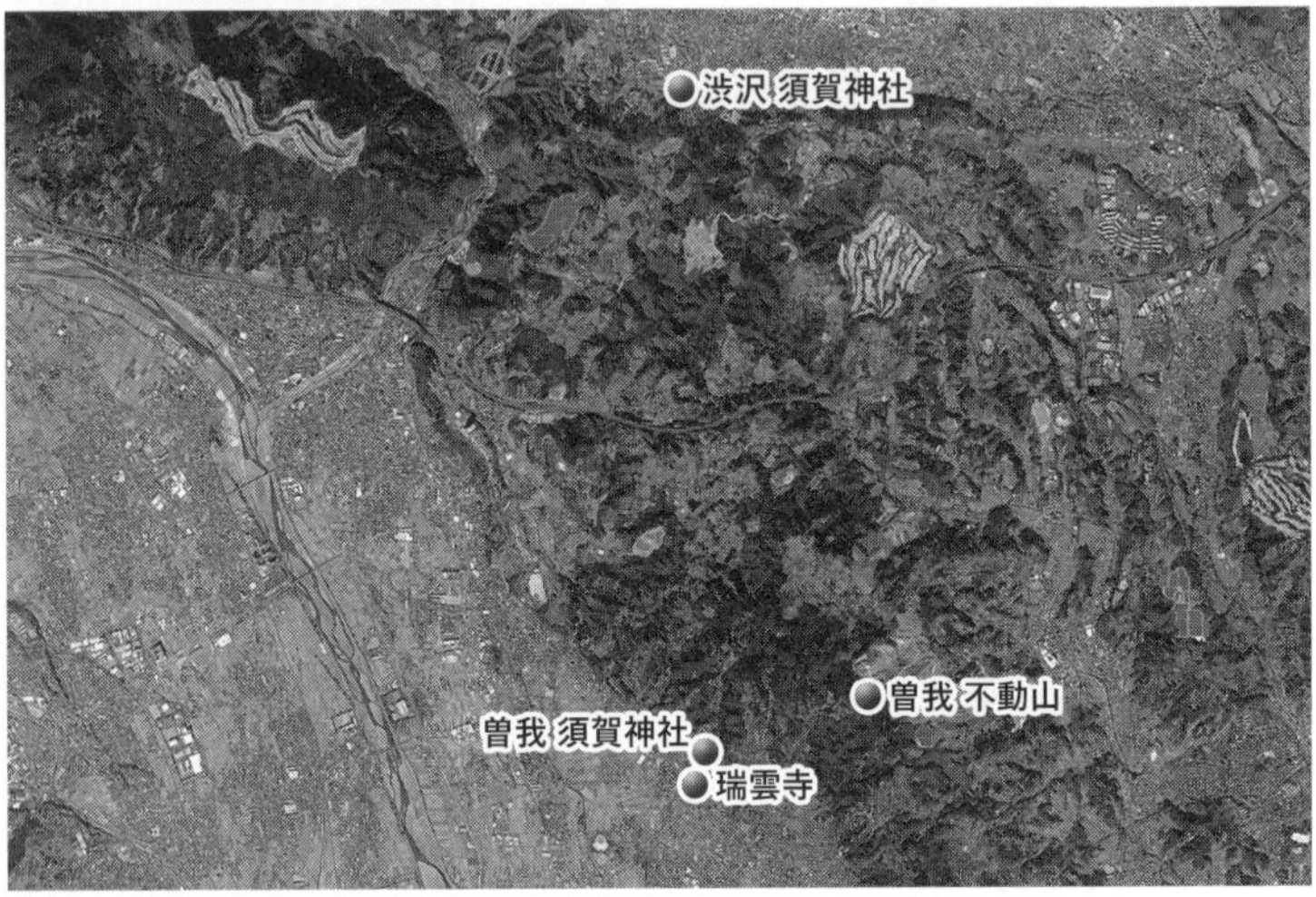

る。秩父三山（武甲山、三峯山、両神山）のなかの両神山に鎮座する三峯神社は、日本武尊が東征の際に立ち寄り、伊弉諾命と伊弉冉命の二神を祀ったことが開創とされている神社である。

秩父三山は山岳信仰の霊場としてつとに有名であり、数多くの行者が修行に訪れたとされている。両神神社の左右の先には、当寺と同じ寺名の瑞雲寺（長野）と瑞雲寺（茨城）が配されている。これらを図示したのが、次記の図になる。

図の寺社の緯度経度をみてみると、次のようになる。

瑞雲寺（茨城）　北緯35・52・27　東経140・13・00

子の権現天龍寺　北緯35・54・26　東経139・11・21

❖6-2　当瑞雲寺周辺(広域)

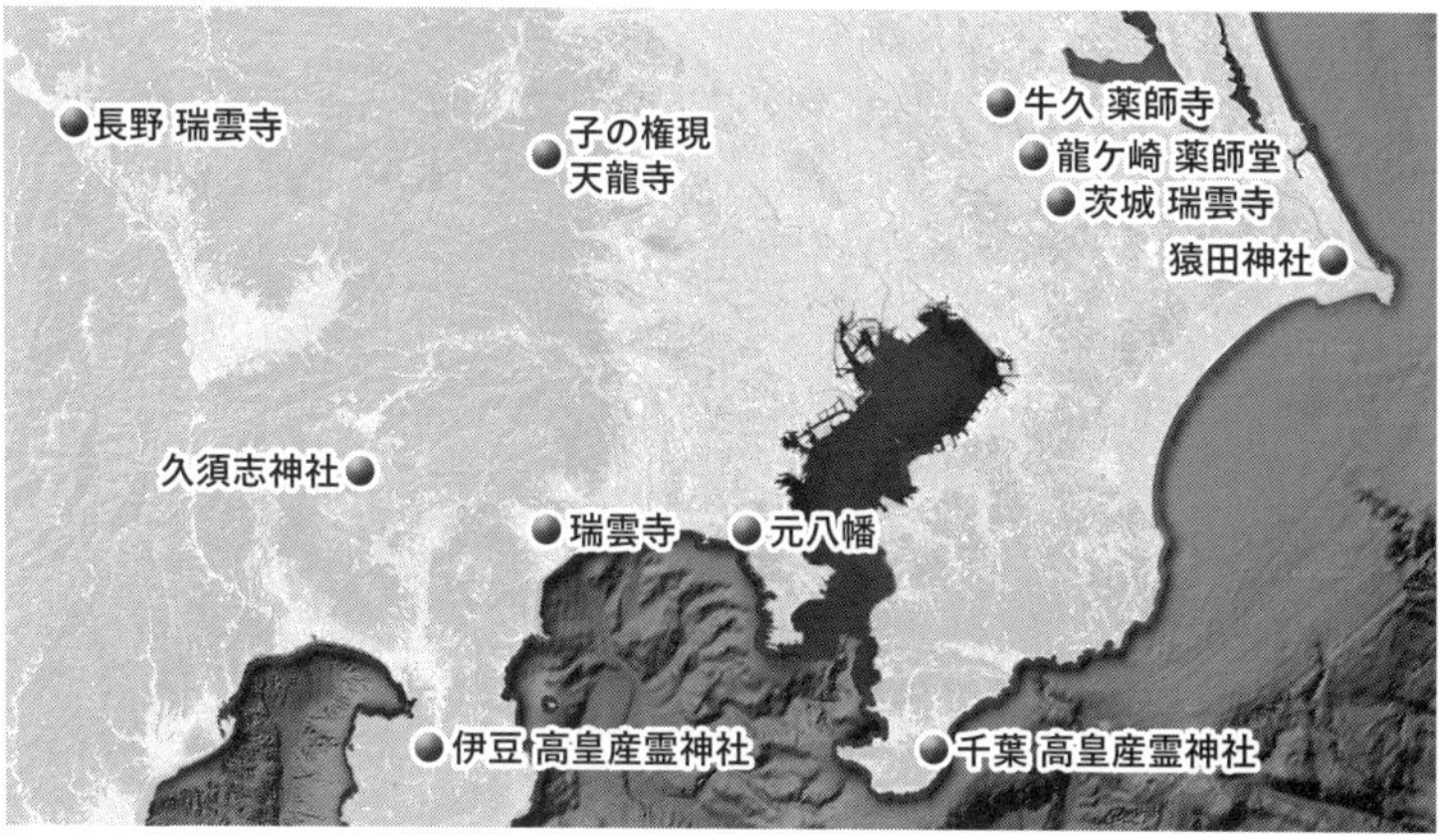

両神神社（秩父）　北緯36・00・37　東経138・55・34

三峯神社　北緯35・55・31　東経138・55・49

三嶋大社　北緯35・07・20　東経138・55・07

瑞雲寺（長野）　北緯35・55・35　東経138・12・33

ここで気になる点をいくつか挙げてみる。

まず、子の権現天龍寺の「子」は、東西南北でいうところの「北」と解される。

子の権現天龍寺の両サイドに長野と茨城の瑞雲寺がそれぞれ配置されている。しかも子の権現天龍寺と、長野および茨城の各瑞雲寺の緯度は、ほぼ同じ55分上にある。まるで、各瑞雲寺の両者を結ぶように、子の権現天龍寺が配されているというのは不思議だ（6―2）。

さらに、両神から三嶋、三峯は同経度分の55分上にあること。これらは単なる偶然といえなくもないが、それにしてもこれらの配置には何かしらの意図があると考えずにはいられない。

さらに検証を重ねてみると、三島神社のさらに南方、同じく55分の同経度上に高皇産霊神社が配されている。

高皇産霊神社（伊豆）

北緯34・55・15／東経138・54・55

「高皇産霊神」というと、『日本書紀』では高皇産霊尊、『古事記』では高御産巣日神と記されている神で、天地開闢の折、造化の三神として立ったうちの一柱である。性別のない神で、独《ひとり》神《がみ》とされている。名前に「皇」の一字があるように、皇室などと深い関係があるといわれている高位の神である。

◉高皇産霊神などの意味とは

『古事記』の高御産巣日神の「産巣《むすび》」というのは創造を意味し、男女の交わり（むすび）を象徴しているといわれる。

では、なぜこの神社が気になるのかというと、前述したように、緯度もしくは経度の55分ライン上にかかっているところが多いからだ。

高皇産霊神を探っていてほかに気になったのは「妙見」である。妙見とは仏教用語にいう

「北極星」のことだが、妙見について探ると、日本国内には妙見にまつわるものが数多くある。たとえば、妙見山、妙見菩薩、妙見寺、妙見信仰などだ。

太陽についての信仰は国内だけでなく世界中に存在し、世界遺産であるマチュピチュやマヤなども太陽に関係しているといわれている。

北極星についてもまた、唯一不動の星であり、その特性から距離測定や位置関係を測る基点として古代より重用されてきた。

妙見山は全国に分布しており、なかでも西日本に多いとされている（なぜ多いのか詳しく数を数えたわけではないが）。妙見とは前述したように北極星、北斗七星を言い表すものだが、北極星を信仰する考え方も指す。

改めて6―2の図をみてほしい。

千葉の房総半島にも、同じく高皇産霊神社が配されている。こちらの神社の緯度経度は、次のとおり。

高皇産霊神社（千葉）　北緯34・56・05／東経139・56・41

経度55分との差は1分40秒、距離に換算すると約3km弱の違いになる。伊豆の高皇産霊神社からの距離を測定すると94・05km。関東の半島である伊豆半島と房総半島に位置し、さらに前述したように、緯度をみてもらうとわかるとおり、伊豆と千葉、どちらの高皇産霊神社も34度

55分前後の緯度にある。ほぼ同緯度上に位置しているとみていいだろう。

当寺のほぼ真北に子の権現天龍寺、当寺から西に富士山（久須志神社）、そして真東に元八幡宮（元鶴岡八幡宮：鎌倉）、子の権現天龍寺の東西には、長野の瑞雲寺、茨城の瑞雲寺がある。さらに伊豆半島と千葉の房総半島にはそれぞれ高皇産霊神社が配されている。

伊豆の高皇産霊神社は伊豆半島の山間に位置し、千葉の高皇産霊神社は房総半島の山間と町中の境界線上に位置するが、「高皇」を「高見」と置換して考えてみると、まるで関東平野を「高見」から地鎮しているといえなくもない。山といえば修験をイメージすることもできるが、修験の場である山を何らかのかたちで結ぼうとした意図があったのではないか。

この図から思うに、高皇産霊神社同士のつながりとともに、秩父三山の両神神社や三峯神社、さらに南下して久須志神社のある富士山、さらに伊豆の高皇産霊神社から千葉の高皇産霊神社を結ぶことにより、山つながりとして寺社が配置されているのがよくわかる。

さらに、経度だけでみると、これらの寺社などは、とても精度の高い位置で並んでいる。これを図示したのが6―3である。

久須志神社（富士山）から千葉の高皇産霊神社まで、実にきれいに経度ぞろ目ラインで配置されているのがお判りいただけるだろうか。

千葉の最東端には**猿田神社**（北緯35・44・50／東経140・44・00）が配され、ぞろ目ラインがぎりぎりまで配されている。それだけ正確に数字取りをしているところは驚くべきことである。

では、こうした数字取りはなにゆえ行われたのか。また、なにゆえ山つながりなのだろうか。

❖6－3　緯度11分ごとのライン

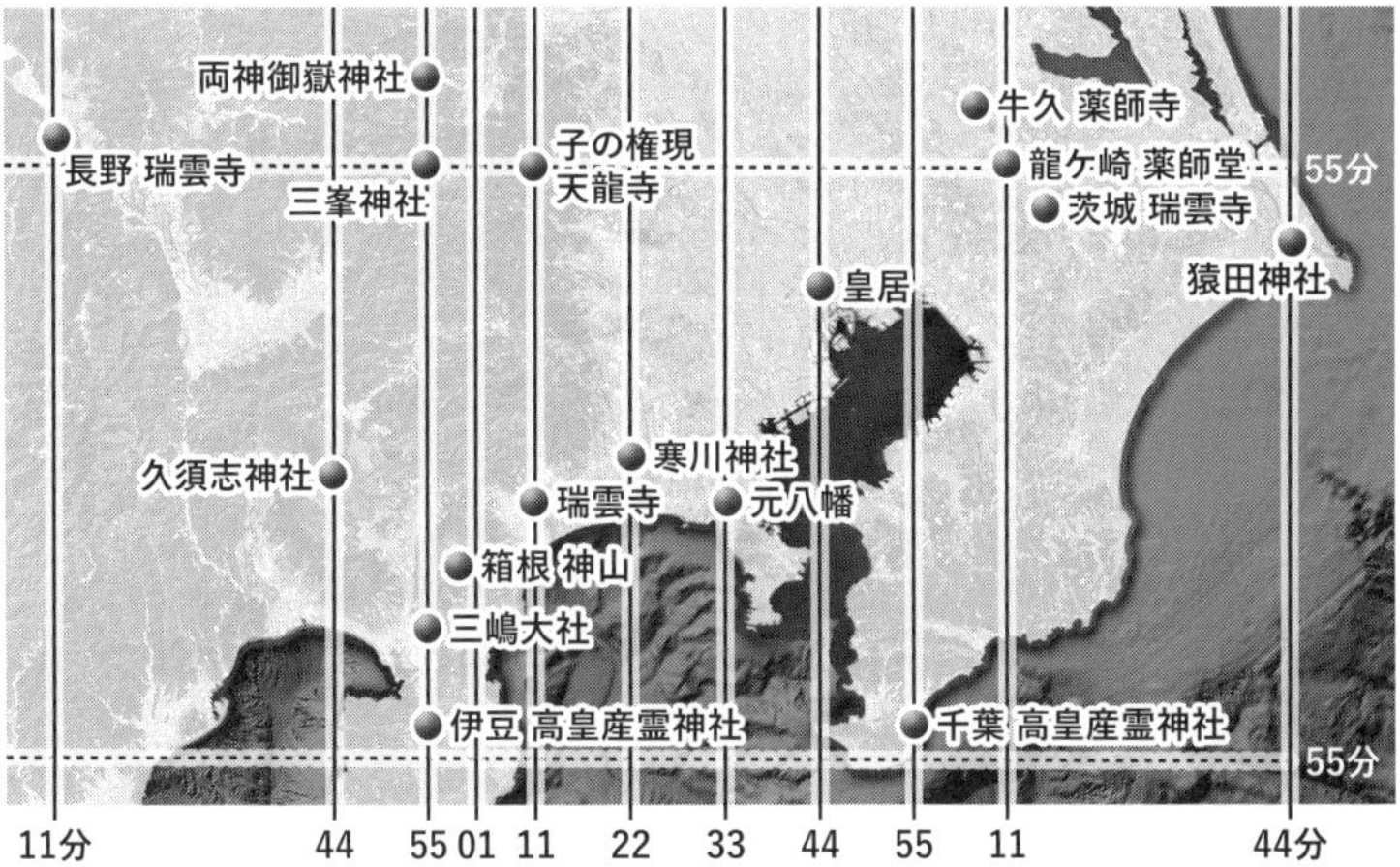

私が考えるに、つながりのある山々を臨むと、修験における山岳信仰が関係していると思われる。三峯のある秩父三山から、久須志のある富士の界隈、そのすぐそばにある箱根、さらに伊豆に至るルートは、修験の聖地といわれるところだ。

また、数字から考えられるのは、60進法を用いてぞろ目ラインを導き出し、共通地点を線引きして結びつけたのではないだろうか、ということだ。60進法という考え方は、古代バビロニアが発祥とされ、エジプトやギリシャに伝わった。バビロニアでは、12進法と60進法を使用しており、この概念がのちに時間や角度の数値として使われたのは周知のとおりである。

◉正確な東西南北

当寺を基点として、関東における寺社の配置、方位、数字などをそれぞれみてきたが、ひとつだけ間違いないといえるのは、東西南北などの方位や数字は正確であるということだ。なぜなら、すべてのポイントの緯度経度を計測し、距離や角度などを導き出しているからである。

方位といえば、青龍（東）、白虎（西）、朱雀（南）、玄武（北）といった霊獣を思い浮かべるが、東西南北の方位は、まず、天空で不動の星である北極星を基点にし、そこから四方の考え方が生じたとされている。

ここで少し、方位を宗教的な観点でみようと思う。仏教界では、四方仏というのがある。四方にある仏国土に如来がいるといわれることからだが、東には薬師如来、西に阿弥陀如来、南に弥勒菩薩（＊菩薩だが、56億7000万年後に如来になることが決められている）、そして北に釈迦如来を配する。

ちなみに密教系の場合、中心に大日如来、東に阿閦如来、西に観自在王如来（阿弥陀如来）、南に宝生如来、そして北に不空成就如来を配する。これらを五智如来あるいは五大如来ともいう。

四方にまつわる話をすると、わかりやすいところでは北枕というのがある。ブッダ（釈迦）は入滅するとき、頭を北に、顔を西に向けるよう弟子に指示したとされている。今でも、亡くなった人を北枕にして仰臥させるのはここからくる。

東方の薬師だが、これは西方浄土の反対に位置する東は、太陽や月などが昇ることから、太陽が昇る前の澄み切った空を浄瑠璃と現したところから薬師を置いたとされる。つまり、この澄み切った空や風、光により身体などを浄化（功徳）するという意味が込められている。

ちなみに、当寺は曹洞宗であり、本来ご本尊は釈迦如来なのだが、本堂には十一面観音菩薩が安置されている。十一面観音菩薩をご本尊とする寺には、鎌倉の長谷観音、奈良の長谷寺（重文）あたりが著名なところだろうか。十一面観音菩薩は如来ではないものの、人々から「観音様」といわれて人気の高い仏様の一人である。

十一面観音菩薩は、顔に10もしくは11の顔を表し、東、西、南、北の四方のほか、東北、東南、北西、南西の計八方と、天などの方位を見ているという意味がある。十一面観音は様々なご利益があり、民衆にとってもっとも身近な仏様であると同時に、方位についても霊験があるというのが大きな特徴だ。

そして妙見、阿弥陀、薬師だが、先述したように、妙見は北極星すなわち北、阿弥陀仏は西、薬師如来は東に関係する。

日本には妙見信仰が色々なかたちで継承されている。出雲の長浜神社の祭神は八束水巨津野命（ヤツカミズオノツノカミ）だが、中世時代は妙見大社と呼ばれていた。地元では「妙見さん」といって親しまれていたという。この神は、スサノオノミコトの子孫であり、大国主神《オオクニヌシノカミ》の祖父にあたる。出雲の国引き神話に関係した神で、朝鮮半島から国を引いてきて、出雲の国造りに関わったとされている神だ。

阿弥陀様は釈迦如来などお釈迦様の化身といわれる。薬師如来もその一人だが、薬師は「やくし」と読むほかに「くすし」とも呼ぶ。「くすし」というと、富士山の頂上にある久須志神社と呼び名は一緒だ。

薬師如来は色々な側面がある。たとえば、京都にある八坂神社はスサノオが現在の主祭神だが、以前は牛頭天王であった。牛頭天王はスサノオの本地仏（本来の姿）といわれ、薬師如来もまた牛頭天王の本地仏といわれる。これは、牛頭天王が竜宮に向かう途中に立ち寄った蘇民将来とのやりとりが背景にある。蘇民将来の弟で長者の巨旦将来に宿を求めた牛頭天王だったが、巨旦は拒絶する。その兄、蘇民は貧しかったが、牛頭天王を快く迎え入れる。

やがて、巨旦は没落し、蘇民は長者になったという話だが、牛頭天王は蘇民の娘に、茅の輪を取り付けていれば疫病などの禍が回避できるといわれた。この習わしが注連縄となったり、茅の輪くぐりという慣習になったりしたわけだが、病を癒す、禍を防ぐ、という意味において、薬師如来と結びついたものと考えられる。

薬師如来は、十一面観音菩薩と同一とする説もある。「観音さん」と人々から愛されてきた十一面観音は、すべての方向をみて人々を見守り、世の中を救うという特徴がある。これは薬師如来の、人々を救済することと同義という考え方とも合致する。

じつは当寺にも、薬師如来像がある。十一面の「11」という数字との由来からすると、当寺もまた、経度は11分上にあるのは何か理由があると考えるのが自然の理とはいえないだろうか。

こうしてみてくると、先の図にあるような寺社の配置、そして緯度経度、方位など、様々な要因を調べると、精度の高い数字取りをしているだけでなく、薬師との関係、妙見との関係、高皇産霊神社との関係など、じつに様々な事柄がリンクしてくる。その端緒になっているのが、図らずも当寺と思わせるような数字取りになっているところに、私は興味をひかれた。これが奇しくも、本書をまとめる契機となったわけである。

◉日本は法則性のある数字が支配する

これまで考察してきた内容を簡潔にまとめてみよう。

日本は全国を、ある一定の法則に基づいて数値取りしている。

この法則とはぞろ目の11分、44分、55分という経度緯度の「分」を基礎とし、その軸線上には多くの寺社などが配置されているというものだ。

この法則は地域によって差異があり、特に関東はかなりの確率で寺社がぞろ目の経度を基本に点在している。

また、四神方位、鬼門裏鬼門などの方位取りについても、皇居などを中心にエジプトのピラミッドのような四方をかなりの正確さで取っていることも確認できた。

では、これらの法則や数字は何を表すのか。そして、経度や緯度の数値が意味するものとは何なのか。

これについて私は、宇宙の普遍性および天体の軌道が原点であると予測し、それらを具現化したもの、つまり「時間」を表したのではないかという推論に辿り着いた。

◉時間とは何か

ところで普段、我々は何気なく「時間」とか「時」などと言っているが、そもそも「時間」や「時」とは何なのだろうか。

「時間」に関する概念を調べてみると、たとえば、古代エジプトでは時間を司る神として、トート（もしくはトト）神という存在を生み出した。太陽が沈んだのちに、トート神が太陽に代わって人々を守護したとされる。

また、古代ギリシャでは「時の神」としてクロノスがいた。クロノスは、時計の英語訳「クロック」の原語として知られている。

このように崇高な存在、すなわち「神」として敬われていたのが「時間」だということになる。

「時間」や「時」は、実際のところ目にはみえない。だが、地球上のあらゆる事物に間違いなく作用している。みえないが、何かしら影響を与えるもの、それを人類は様々な形で表現してきた。

物理学などの世界では、ニュートン力学やアインシュタインの相対性理論などで「時間」という概念は我々の想像をはるかに超えた領域で示された。

「時間」については、物理学、宗教、哲学など、各分野で捉え方や考え方が違っているので一概に解説しにくい部分もあるが、「時間」という概念を一言で言い表すことはできないのが現実である。

　のちに人類は、日時計や水時計などの原始的な時計を発明したが、これらは「時間」を測る手段のほんの一端にすぎない。それよりも、関東の数値取りは、別なかたちで「時間」を体現したのではないだろうか。その体現した一つとして数えられるのが、前述した緯度経度であった、と私は考えている。

　無論、経度緯度を数値で表すようになったのは、かなり最近のことである。だから、現在の名称とは違った名詞などを使っていたのかも知れない。


　さて、「時間」という概念を考えるうえできっかけとなっているのは、間違いなく天体の動きだろう。太陽が昇り、そして沈むと太陽に代わって月が昇る。月が沈むと、再び太陽が昇る。このサイクルは一つの基準になったはずだ。そして、天空に一つだけ不動の星、すなわち北極星があることを発見し、これを基点にして距離や方向を測る目印とした。

　太陽と月による一定のサイクルは、地球上の季節に関係し、潮の満ち引き、河川の氾濫、種まきの時季など、何回ものサイクルがあると、何かの事象が起こるという法則もわかってきた。このサイクルはまた、人の生死にも影響を及ぼすことが明らかになった。森羅万象、人に限らず、生きとし生けるものすべてが生と死を繰り返す。これらに深く関与する現象、それを人々は「時間」という概念で説明しようとしたのである。

「時間」という概念を探ろうとすると本当に奥が深い。時間を哲学的、宗教的、物理学的な見地で捉えることはできるものの、本書はそれが主旨ではないのでここでは割愛する。

◉宇宙的時間はズレない

さて、時間が24時間で1サイクルとなり、季節が1年で1サイクルになることはわかってきた。人は様々な現象を何世代にもわたって情報を蓄積し、その蓄積した情報をもとに先を見通す術《すべ》を具体化することができるようになった。こうしてできたのが、暦だろう。このサイクルは確実に履行されるものではあるが、毎年同じように数えていると微妙にズレが生じることもわかってきた。

第1章でも紹介したように、暦は旧暦と新暦に大別できるが、どちらも共通しているのは、微妙なズレを調整するために閏日や閏月、もしくは閏年を設けたことだ。つまり、閏日や閏月、閏年というズレの調整をしないと、正確な1年が割り出せない。このことからも、星の動きはじつに細かく、複雑であることがわかる。

今は、太陽が銀河の中心を秒速200km以上の超スピードで周回すること、そして約2億5000年かけて周回する太陽の周りを約365日かけて地球が周回することなども当然のようにわかっている。

太陽を恒星とする惑星は、ハーレー彗星も含めて太陽とともに銀河を周回する。この動きをシミュレーションすると、地球を含め太陽を周回する惑星はスパイラルで太陽を周回しているともいわれるが、この真偽について本書ではとくに言及はしない。が、少なくとも宇宙にある天体の動きは、このような人智をも超えているということ、さらに、遥か昔、この動きを地上に居ながらにして測定し、「時」として把握しようとした者たちがいたことに、ただただ驚くばかりである。

ちなみに、スパイラル現象というのは、地球上でも目にする。花の枝のつき方、DNA、台風やハリケーンの渦など、自然界で日常的に目にすることができる。こうした自然現象も、宇宙から見ると必然なのかも知れない。

まさに、「時間とは単純ではない」ということか。


こうしたすべてを把握し、時計という物体ではなく、別な方法で時間を表わそうとした人々がいた。彼らは大地に刻印し、様々に数値取りを行い、時間的概念や距離などを測った。なにゆえそれができたのかは後述するとして、刻印した場所はおそらくだが誰にもわからないように、ひそかに大地に記したものだろう。

その記した場所を示す目印は、当初はあまり目立つものではなかったかも知れない。最初はなんらかの印や杭、道標といったものを刻印しただけだっただろう。しかし、時が経ち、その目印が風化したものもあるだろうし、中には近隣に住む住人たちが祠《ほこら》などを作り、恭しく祀ったかも知れない。祠などをつくると、人々が容易に近づくことができないので、あるいは寺社などを置いた可能性もある。

宗教によって庇護することにより、やがて信仰の対象となり、神を祀る社殿が作られたのかも知れない。こうすることで、人々は間接的に「時間」を敬い、同時に大事な目印を荒らされずに済むようになった。

刻印することはいうまでもなく、時間という概念を肌で感じることができる。時間を正確に感じることは、いわば神や仏の領域に近い。それを1分1秒まで正確に把握しようとすることは、宇宙との一体化を図ることと同義である。

宇宙時間というのは、すなわち真理であり、ズレることがない。この宇宙時間をとことん追求し、それを大地に刻印しようとした人々がいたというのが、本書で伝えたいことの一つでもある。

◉秘匿された理由

この刻印をする秘術は、文書化することなく口伝されたか、あるいは一子相伝によりその一族のごく一部の者にしか伝えられなかった可能性がある。

では、なぜ秘匿されたのか。

その理由の一つに、「時間」を測定するということの重要性を知っていたからではないか。たとえば、「時間」は単なる数字ではなく、「時間」から距離や角度、天体の動きを測定する上でより精密な測定をする必要がある場合、重要なファクターだった。

二点間の距離を測定する方法として、ピタゴラスの定義や、エラストトスケスのシエナの井戸などはよく知られるところではあるが、刻印したものたちはすでに、こうした定義なり測定技術なりをもっていたはずである。

天体の動きによって、季節の移ろい、気候の変化、月の満ち欠け、さらには人間の生と死に関係するなど、直接的かつ物理的な作用をもたらすわけではないが、目には見えない何らかの作用が働き、それが地上の生命に影響を及ぼしていることは前述したとおりだ。

考えてみると、宇宙全体は息づいている。恒星と惑星があり、恒星は赤色矮星や白色矮星となり、やがて超新星爆発を起こし、そこでまた新たな星が誕生する。こうして宇宙の営みは繰り返される。

人間が決して関与できない宇宙という広大な空間において、数百億年、否、さらに以前からこのような事象が連綿と繰り返されてきたことを考えると、人間の存在の小ささを痛切に感じるところだ。

◉正確さを期する意味

さて、「時間」を刻印するには、正確さが求められたはずだ。その理由は、正確さが自分たちの過去、現在、そして未来の姿を推し量るうえで非常に重要な要素だったからにある。

自分たちの命運がどうなるのか、血脈が絶えぬようにするには何をすべきか、種族が今後どのように発展するのか、自分だけでなく、自分の周囲をも包括して将来を推し量るには正確さは欠かせないものだったはずだ。これがやがて、後世に至って占術として発展したものだろう。

自分を知ることはすなわち、万象を識ることにつながる。太古の人々はこうした事象を既知していたのではないか。

時代によってこの事象を追い続けた先人たちも少なからずいただろう。さらに、亜流・傍系の一族の一部には、遺物を発見したのち、さらに上書きなどをしてより複雑化させたり、高度化させたりしたかも知れない。最初は「時間」だけを追っていたのだろうが、精度をより高めるために四神や鬼門といった方位についても数字取りをし、精緻な数値を取っていったとしてもおかしくはない。

宇宙の真理は永遠に変わることがない。

◉66度について

これまでは緯度と経度、そして角度を中心に場所や寺社、山などを見てきたが、法則性という点においては、宇宙を基準にしていただろうと思える事象が日本各地でみられる。これが、夜空を照らす星座や黄道12宮なのか、あるいは太陽なのか、宇宙の実態を計り知ろうとしていたのかが気になるところだ。

これを検証するために、いま一度アイランドピークから当瑞雲寺までを臨んでみる。

アイランドピークから当寺までの距離は４９６７・８１２km、角度（機首方位）は66・49度になる。

おさらいだが、この66・49度は、起点（ここではアイランドピーク）から北にラインを引き、

❖6-4　アイランドピーク～瑞雲寺～高千穂神社

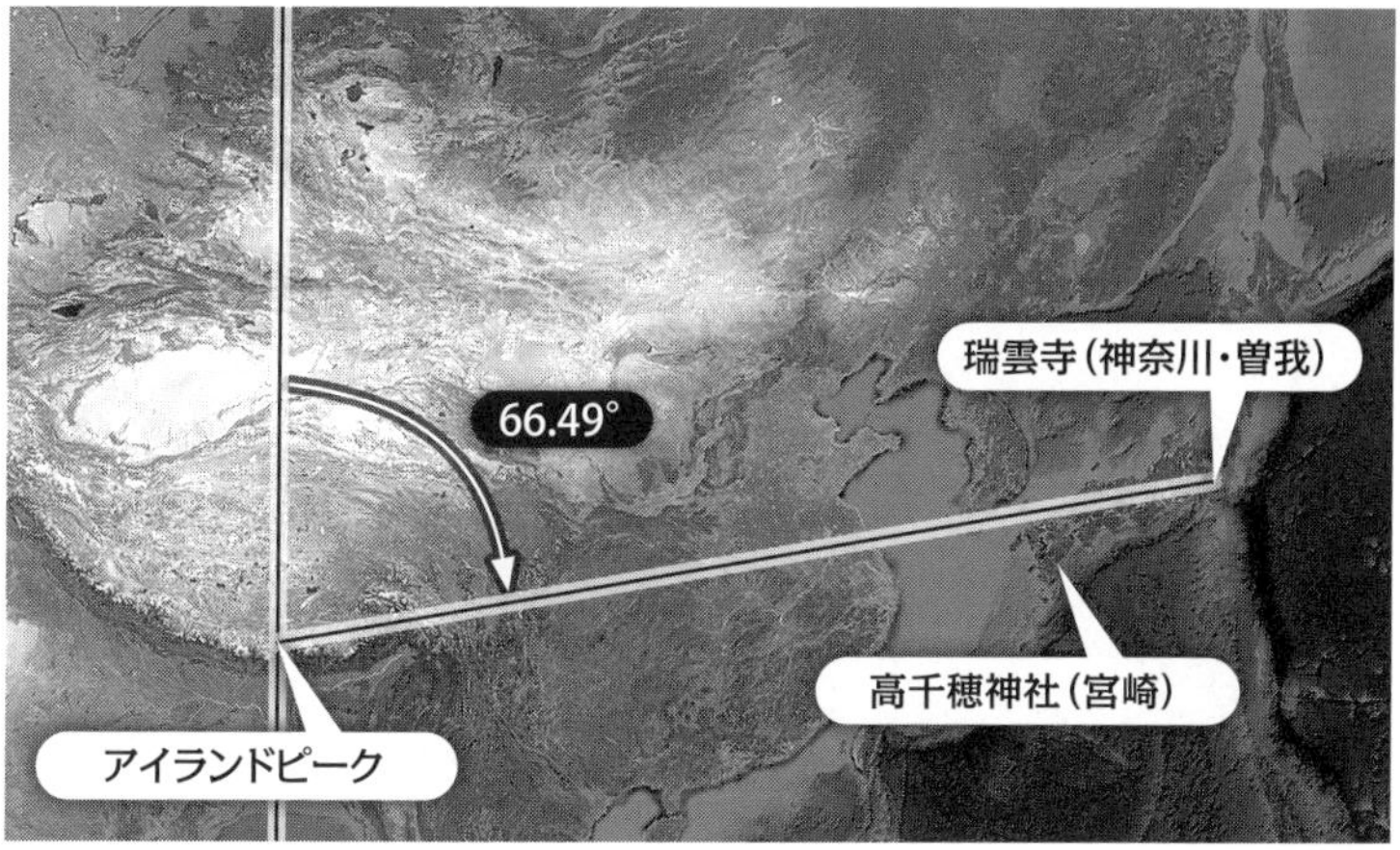

起点から終点（当寺）までの時計周りと同方向の角度を指す。つまり、起点から水平方向にラインを引いた角度（起点から90度）から、機首方位の角度を引くと、90－66・49＝23・11度となる。これは、地球の地軸のズレである23・4度に近似する（6－4）。

（参考）
アイランドピーク　北緯27・55・13／東経86・56・05
瑞雲寺　北緯35・18・38／東経139・10・49

アイランドピークから当瑞雲寺まで引いたライン上には、元伊勢籠神社、眞名井神社、富士山（久須志神社）、さらに千葉の（貝須賀）鹿島神社などが乗ってくる。元伊勢籠神社や眞名井神社の祭神や神社沿革は同神社ホームページをみていただくとして、これらのライン上で興味深いのは、それぞれつながりがあるということだ（6－5）。元伊勢籠神社の祭神は、天孫ニニギノミコトの兄弟神である天照国

❖6-5　元伊勢籠神社〜貝須賀神社

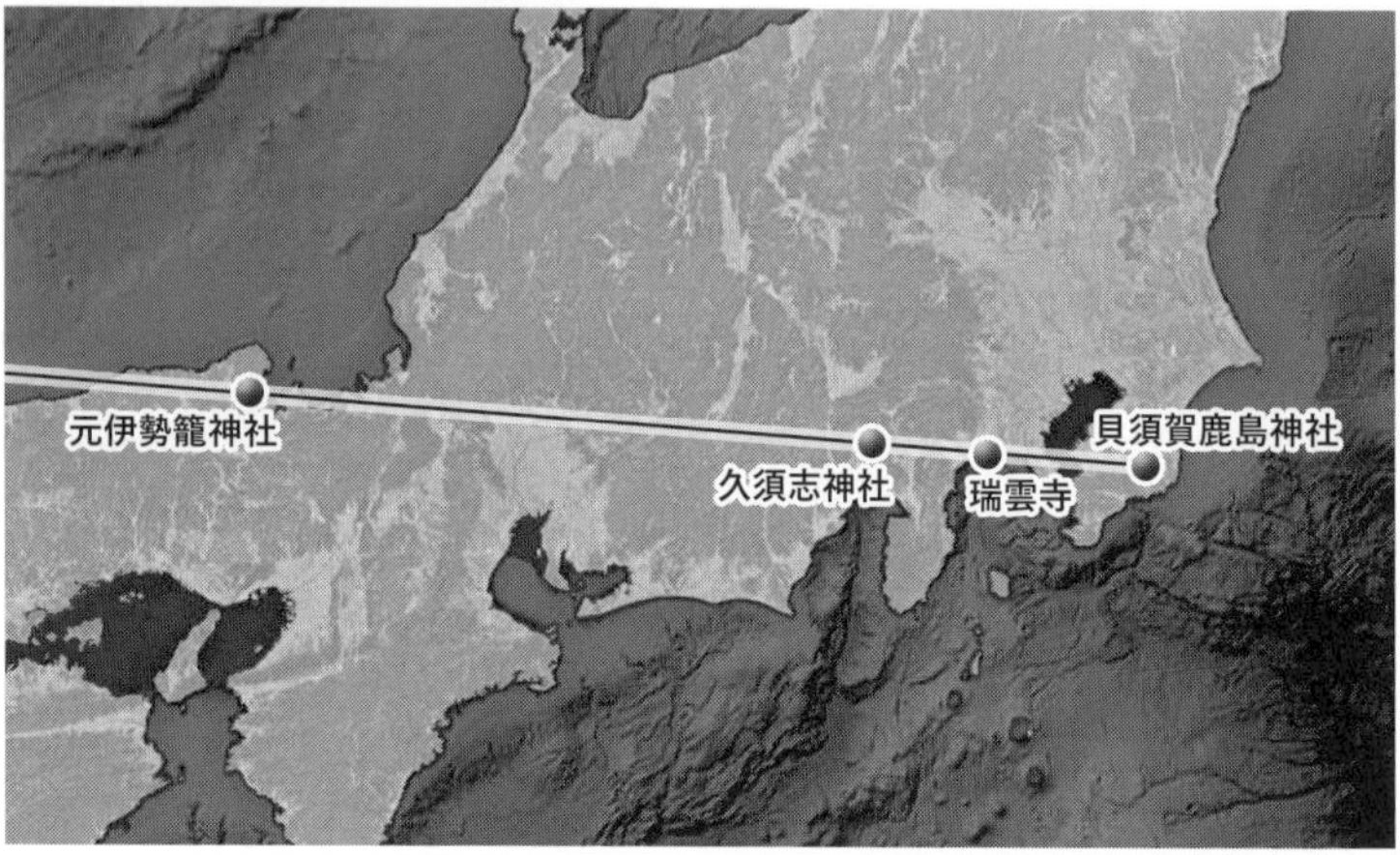

照彦火明命。ニニギノミコトはアマテラスオオミカミの孫であり、妻はコノハナサクヤヒメである。コノハナサクヤヒメといえば、富士山の浅間神社の主祭神である。また、富士山の火口付近にある久須志神社はオオナヌチノミコト（＝大国主命）を主祭神とするが、大国主命といえばスサノオノミコトの孫（これも諸説あり）にあたる。千葉の（貝須賀）鹿島神社には八坂神社があり、八坂神社といえば牛頭天王すなわちスサノオノミコトを祀る。

こうしてみると、この66度というラインは、何かを暗示しているとしか思えない。

実際に、元伊勢籠神社から（貝須賀）鹿島神社までのラインをみると、実に見事に66度のライン上に乗ってくる（6―5）。

では、ニニギノミコトと関係があるとするならば、その原点を見る必要があろう。次に目を天孫降臨神話のある高千穂神社（宮崎）に転じてみる。

❖6-6　猿田神社〜高千穂神社

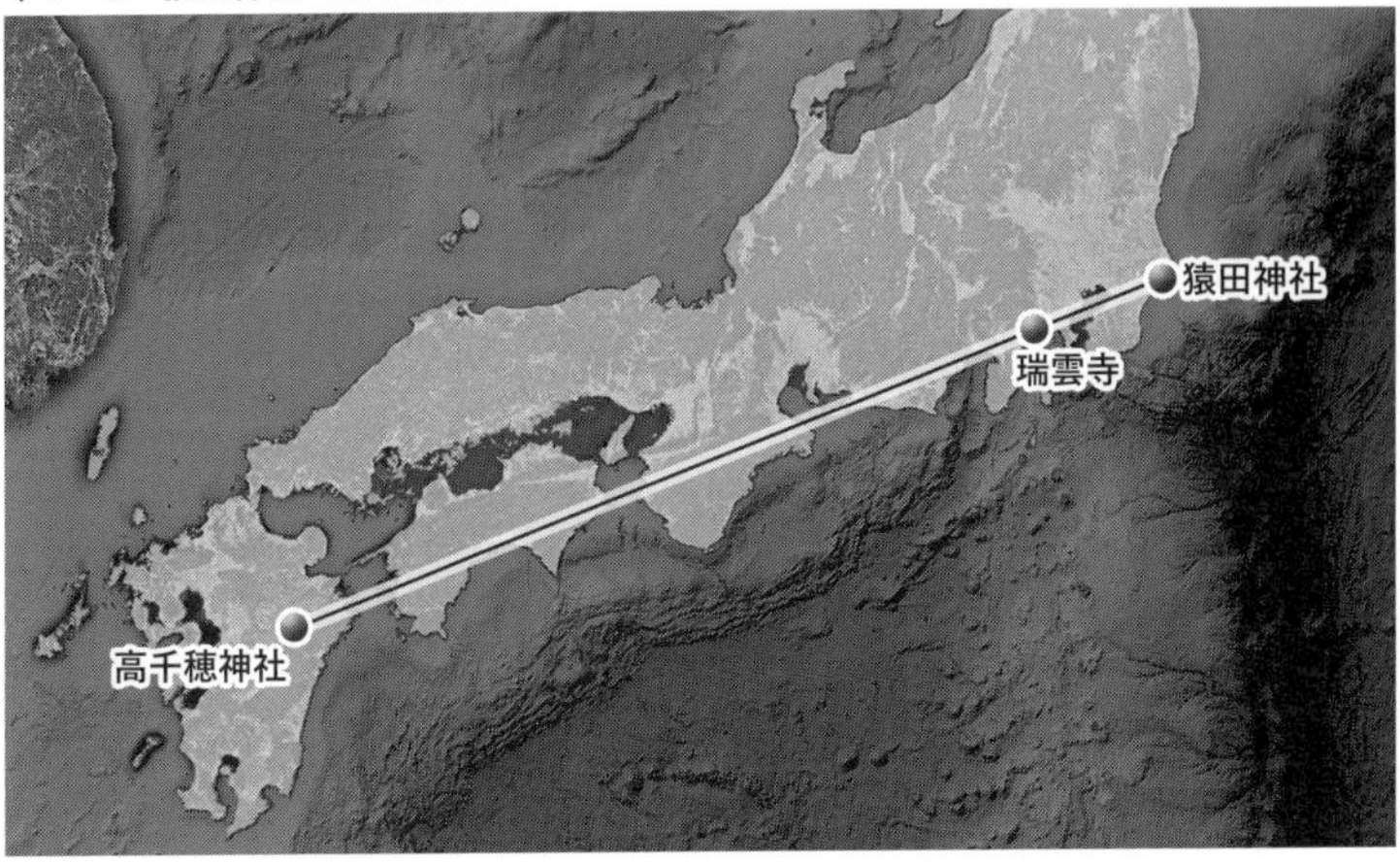

66度のラインで追ってみているので、ここでも数字的に高千穂神社から66度の方位（この方位とはグーグルアースでいう機首方位のこと）を臨むと一体何が見えてくるのだろうか。6―6が高千穂神社から66度ラインを臨んだものだが、この線には、高千穂神社（宮崎）〜瑞雲寺（神奈川・曽我）〜（蘇我駅）〜猿田神社（千葉・銚子）などが乗ってくる。

これらのラインを合体させてみると、次のようになる。

まず、アイランドピークから貝須賀鹿島神社までのラインと、高千穂神社から猿田神社までのラインを合わせたのが、6―7の図である。この図を見てもらうとわかるとおり、2線が交わる場所（交点）が生じる。この交点の場所だが、名門のゴルフクラブ（神奈川県中郡大磯町黒岩）があり、かつてこの辺りに黒岩城という古城があったとされる。伝承によれば、ここの城主が、当瑞雲寺を開基したとされている。

❖6-7　神揃山

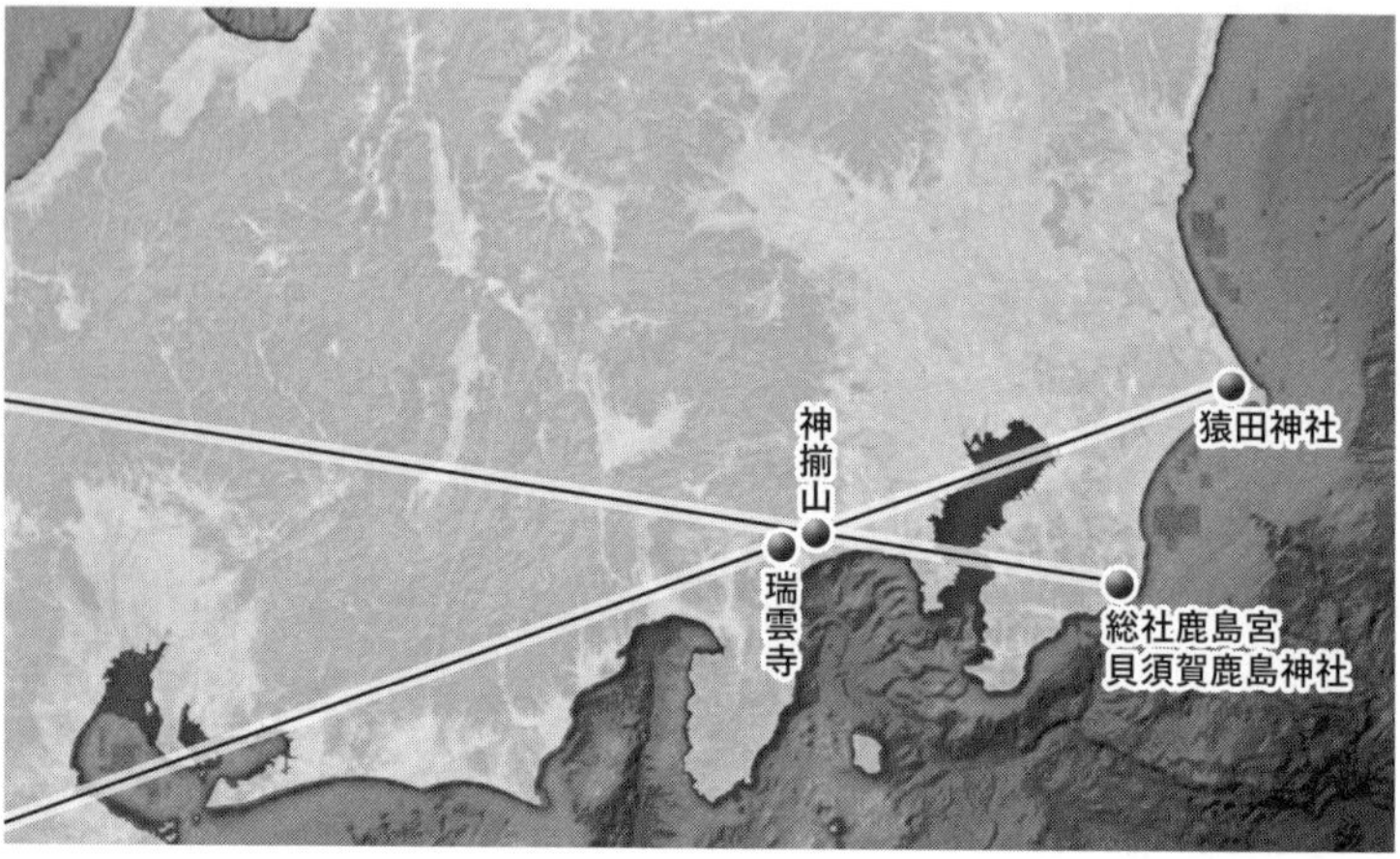

この交点から南東方面には、**神揃山**（かみそろいやま／かみそりやま、北緯35・18・42／東経139・16・55）と呼ばれる山があり、毎年5月5日には、相模国府祭《さがみこうのまち》という大祭が開催される。ここに、相模国の6社（一之宮：寒川神社、二之宮：川勾神社、三之宮：比々多神社、四之宮：前鳥神社、八幡宮平塚八幡宮、総社六所神社）が集い、国家安泰、五穀豊穣などを祈念する。神揃山は、相模国の6社が年に一度集うことから名づけられたものなのか、その由来は定かではないものの、「神が揃う山」が、アイランドピークから貝須賀鹿島神社までのラインと、高千穂神社から猿田神社までのラインの交点付近にあるということは、偶然とはいえ不思議である。

高千穂神社から当寺までの距離は、782・691km、角度は66・10度（機首方位）で、水平からの角度を出すと、90－66・10＝23・50度となる。

❖6-8　高千穂神社から66.10度のライン上

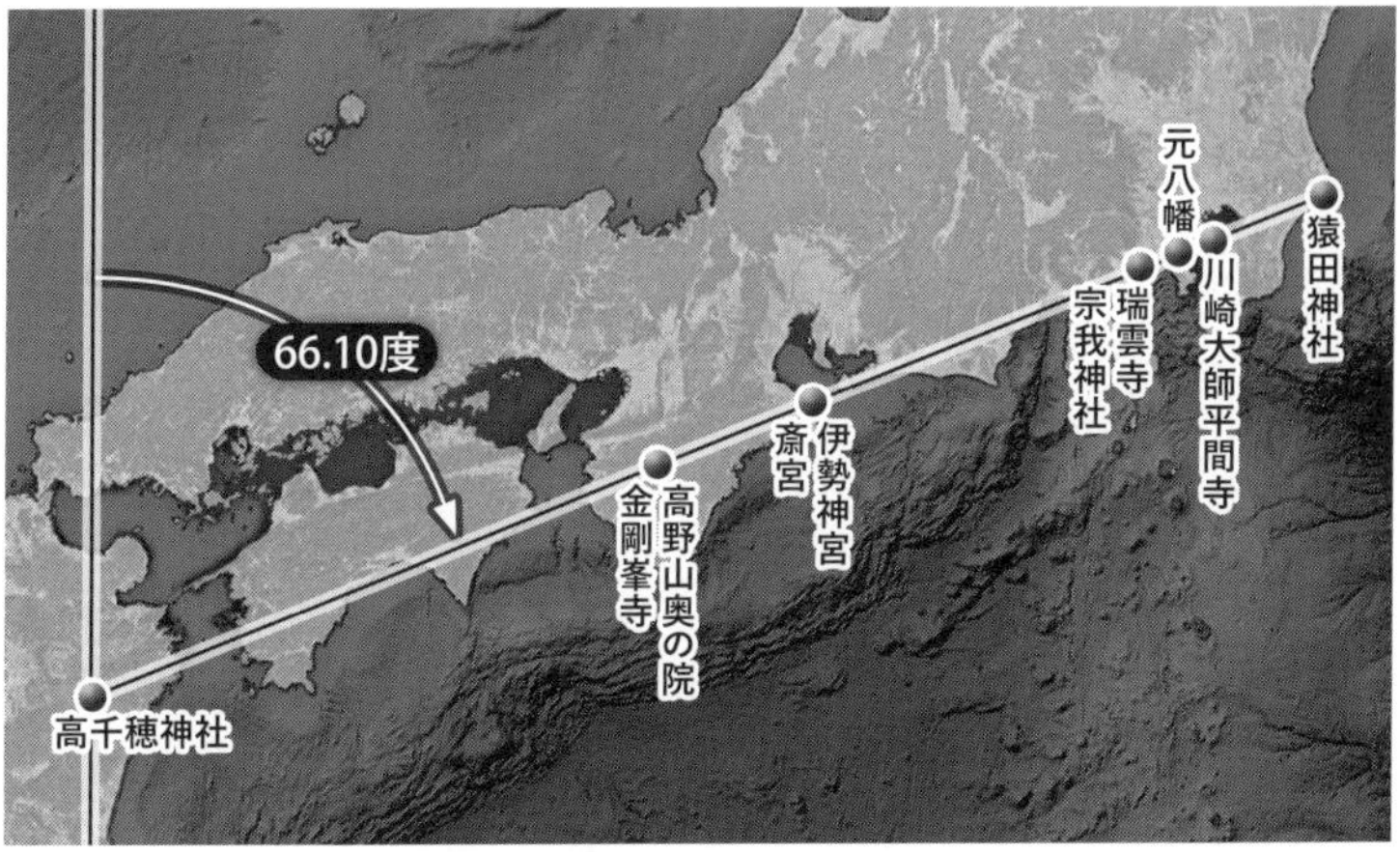

高千穂神社の緯度経度は以下のとおり。

高千穂神社　北緯32・42・23／東経131・18・07

瑞雲寺　北緯35・18・38／東経139・10・49

この、66・10度というのが私は重要だと考えている数値のひとつで、高千穂神社からこの数値で示す角度ライン上の付近には当寺以外にも以下のような寺社などが乗ってくる（6―8）。主な寺社の緯度経度、高千穂神社からの角度、距離を示すと以下になる。

高千穂神社
北緯32・42・23／東経131・18・07

猿田神社（千葉）
北緯35・44・50／東経140・44・00
距離　931・646km
角度　66・10度（90度－66・10度＝23・50度）

宗我神社（高知）

北緯33・34・01／東経133・43・34

距離　245・498km

角度　66・27度（90度－66・27度＝23・33度）

斎宮

北緯34・32・34／東経136・36・35

距離　532・866km

角度　66・04度（90度－66・04度＝23・56度）

斎王宮阯

北緯34・32・25／東経136・36・58

距離　533・314km

角度　66・07度（90度－66・07度＝23・53度）

伊勢神宮

北緯34・27・18／東経136・43・30

距離　539・425km

角度　67・26度（90度－67・26度＝22・34度）

富士山（中心）　北緯35・21・46／東経138・43・51

距離　746・366km

角度　64・24度（90度－64・42度＝24・18度）

高野山　金剛峯寺

北緯34・12・50／東経135・35・02

距離　431・709km

角度　66・02度（90度－66・02度＝23・58度）

高野山　奥の院

北緯34・13・23／東経135・36・21

距離　433・964km

角度　66・01度（90度－66・01度＝23・59度）

川崎大師平間寺

北緯35・32・04／東経139・43・46

距離　837・995km

角度　65・41度（90度－65・41度＝24・19度）

成田山　新勝寺

北緯35・47・09／東経140・19・05

距離　897・572km

角度　65・08度（90度－65・08度＝24・52度）

誤解のないように言っておくと、このラインはひと昔前に流行ったレイラインとは明らかに異にするということだ。レイラインは高千穂神社と鹿島神宮（茨城）を結ぶ線上に、伊勢神宮や富士山などが乗ってくるという話で、夏至や冬至との関連性に紐づけていたと記憶しているが、より正確さを求めると、その年によって若干レイラインはズレてくる。

地球は自転し、太陽の周回を公転しているが、太陽の黄道面に対して23・4度地軸が傾いている（6—9）。そのうえ、地上にいると感じないが、すさまじい速さで自転をしているだけ

❖6-9　太陽と黄道面の星座の関係

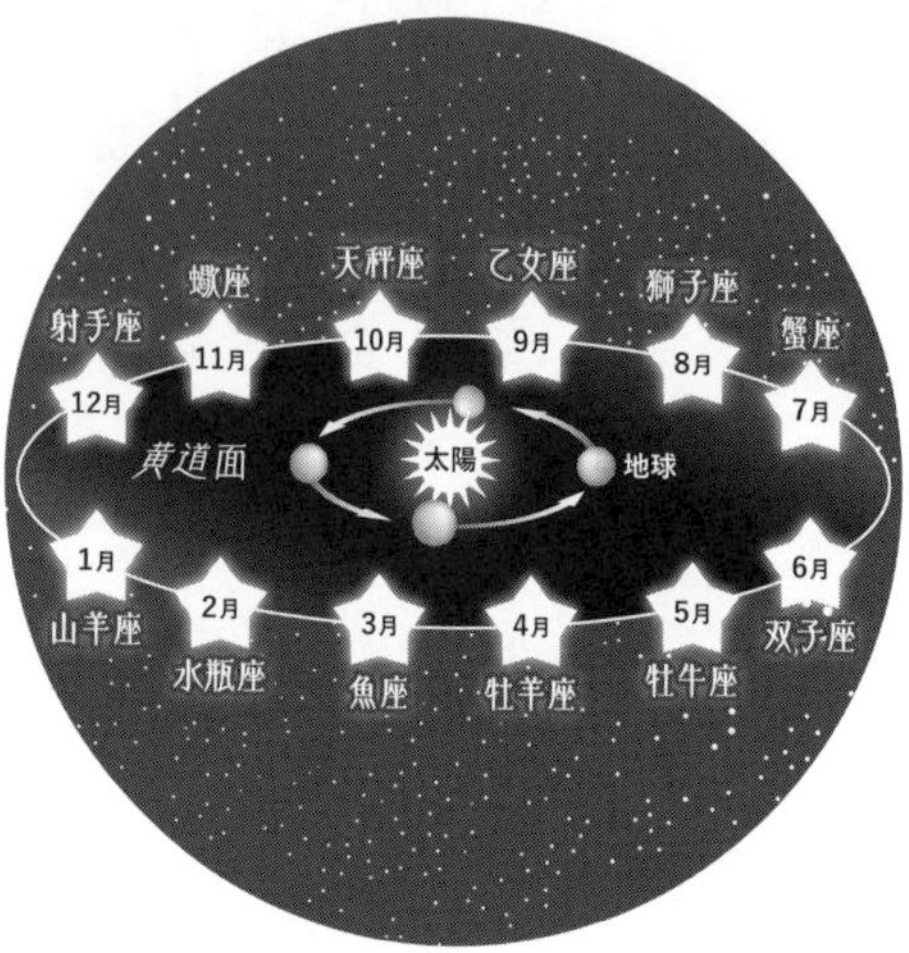

❖6-10　地球の歳差

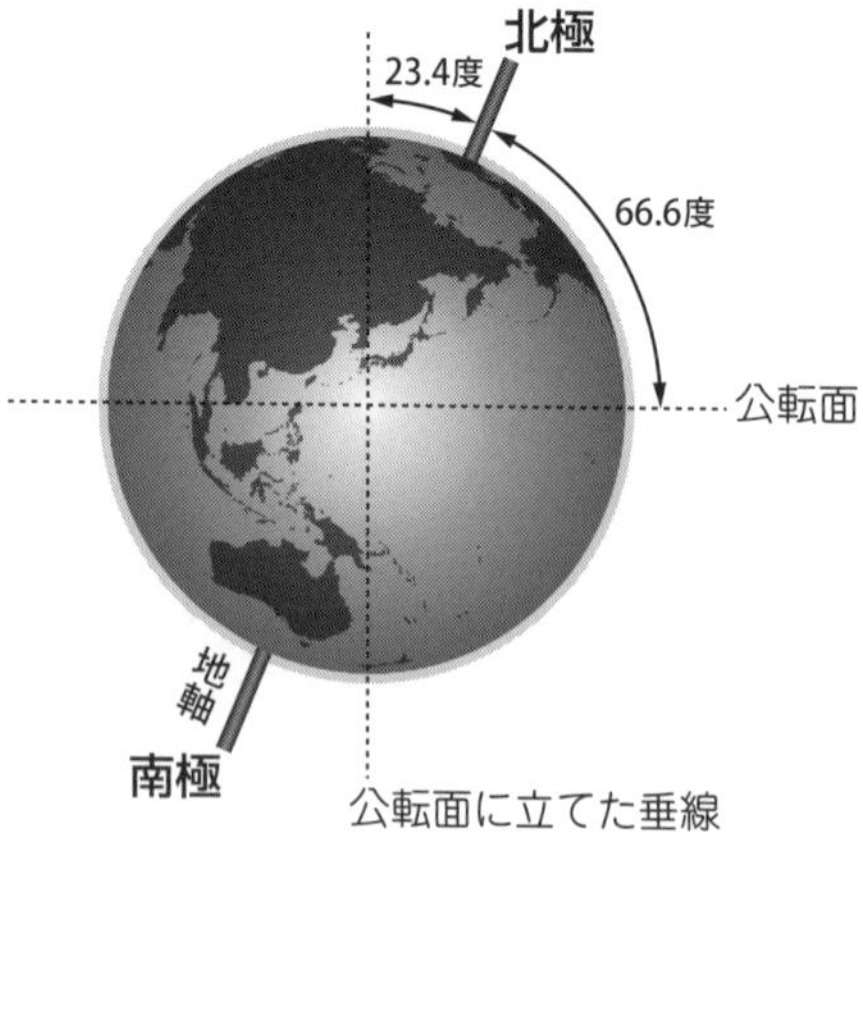

❖6-11　主要な地点間の距離

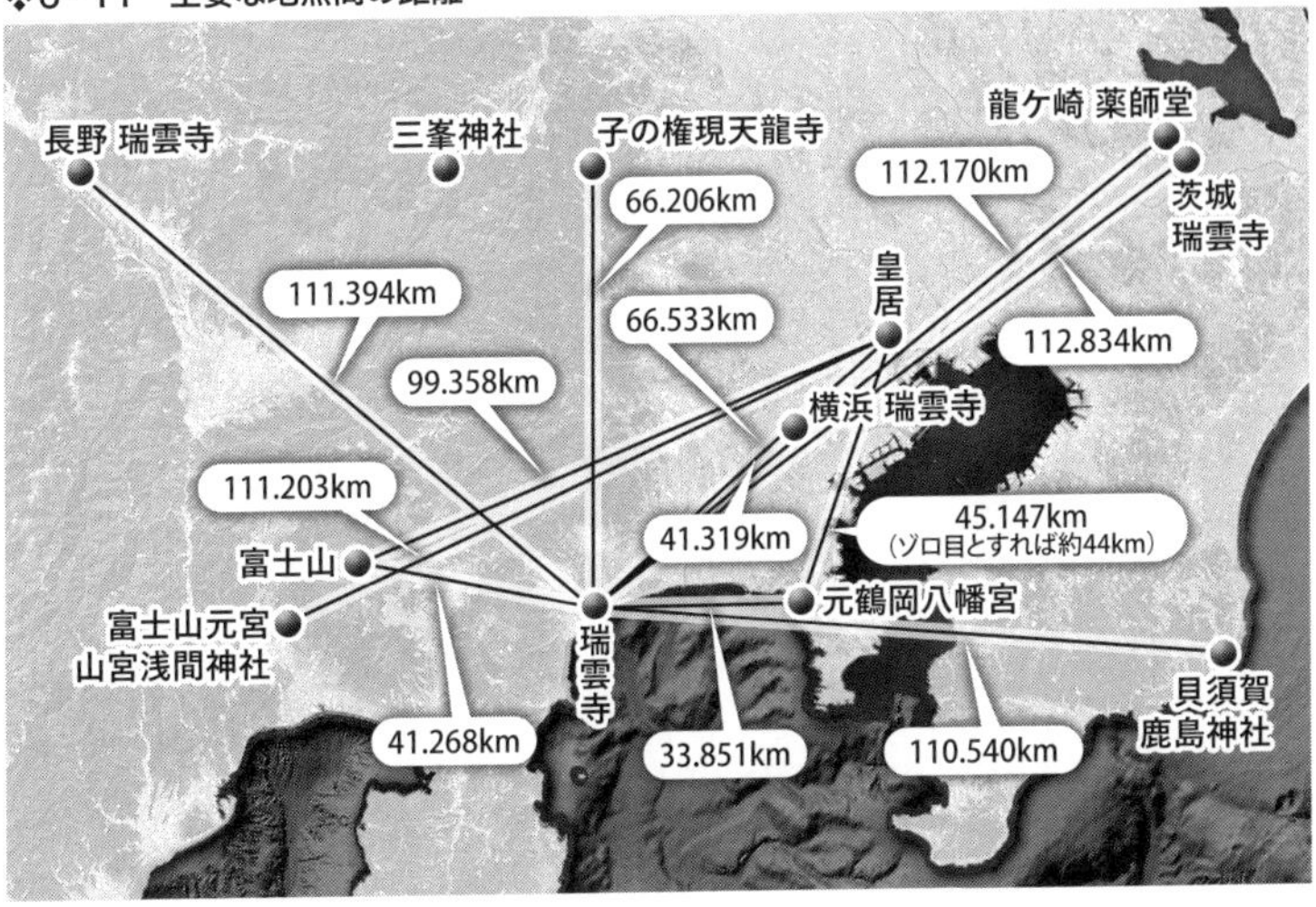

でなく、太陽の周りを365日かけて公転しているのである（6―10）。

よく、地球の自転を独楽の回転に見立てることが多いが、独楽の中心軸をみていると、中心から若干ズレて回転しているのがわかる。このズレを歳差というが、レイラインはこの歳差を加味していない。つまり、歳差のズレこそが、レイラインの正確さを阻害しているともいえる。

ただし、レイラインはラインとしては不十分な点も否めないが、宇宙の壮大なドラマを体現していることや、太陽の力が大いに感じられることは間違いない。

私は、このズレがどうしても解決されないことから検証を試みてきたわけだが、地軸のズレである23・4度（もしくは66・6度）という角度が何か関係していないのだろうかと探求していたとき、今回のような66という数字（角度）でラインを結ぶという結論に達した。

もちろん、長い年月の間に大陸移動や地震等による地形のズレなどもあるだろうが、こうした影響までもあえて加味したうえで、地上に宇宙の法則を落とし込んだ痕跡があると考えると、途方もないことだ。

この章の最後に、これまで抑えてきた場所を距離的にみるとどうなるのか、紹介しておこう。6―11の図を整理すると以下のようになる。

瑞雲寺〜元鶴岡八幡宮　距離 33・851㎞（≒33㎞）
瑞雲寺〜皇居　距離 66・533㎞（≒66㎞）
瑞雲寺〜子の権現天龍寺　距離 66・206㎞（≒66㎞）
瑞雲寺〜長野　瑞雲寺　距離 111・394㎞
瑞雲寺〜茨城　瑞雲寺　距離 112・834㎞（≒111㎞）
瑞雲寺〜龍ケ崎　薬師堂　距離 112・170㎞（≒111㎞）
瑞雲寺〜千葉　貝須賀鹿島神社　距離 110・540㎞（≒111㎞）
皇居〜富士山　距離 99・358㎞
皇居〜富士山元宮　山宮浅間神社　距離 111・203㎞（奥宮までは111㎞）
瑞雲寺〜富士山　距離 41・268㎞
瑞雲寺〜横浜　瑞雲寺　距離 41・319㎞

以上をみてもらうとわかる通り、奇妙なことに、ポイントとして抑えた場所を、当瑞雲寺を基点にとって距離を測定すると、概ねぞろ目になる。

例外もある。瑞雲寺〜富士山の距離は41・418km。ぞろ目ではない。ということは、あまり関係がないのか。

そこで、しばらく思案ののち、色々計算をしてみたところ、あることに気づいた。これらの点と点を結ぶだけでなく、たとえば円と関係はないのか、あるいは黄金比や白銀比に関係しているのではないか。もしくは、基点をとったあとに次のポイントを測定するために、三角法を用いたのならば、三角形と関係していないのか。

試しに色々な方法で試算した結果、黄金比との関係が浮かんできた。黄金比は、1：1・618の比率のことだ。

そこで、瑞雲寺から富士山の距離、41・418kmに黄金比の1・618を乗じてみた。

41×1・618＝66・338

驚くことに、これもぞろ目である。

さらに驚いたのは、この算出した数値は、子の権現天龍寺から皇居までの距離に相当する。

つまり、瑞雲寺〜子の権現天龍寺〜皇居は、ほぼ正三角形に近い図形を描くことができる。

これほどわかりやすい数字で整っているとは、想像すらできなかった。

さらに、関東だけでなく、近畿圏までもぞろ目の数字は続いている。それが以下のとおりだ。

三峯神社～京都鞍馬　貴船神社　距離　311・841km
瑞雲寺～京都鞍馬　貴船神社　距離　311・866km
伊勢神宮外宮～京都鞍馬　貴船神社　距離　111・159km
伊勢神宮外宮～熊野本宮　距離　111・758km

❖6-12　伊勢～熊野本宮～貴船の距離間

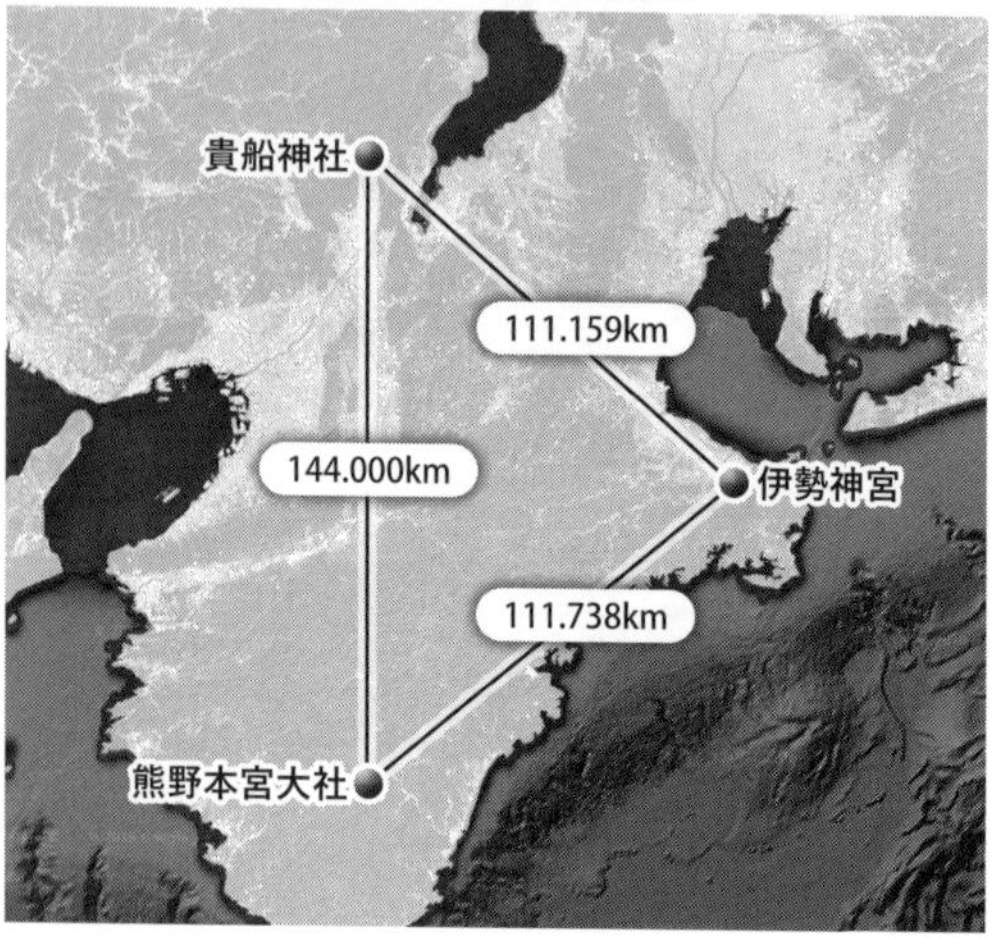

貴船神社については今さらいうまでもないが、ここで興味深いのは、三峯からの距離と、当寺からの距離が11kmの違いはあるものの、ほぼ同じぐらいだということだろうか。

わかりやすく、311と300という数字で表されるのも不思議なことだ。

貴船からは伊勢神宮（外宮）まで、さらに、伊勢神宮（外宮）から熊野本宮までの距離が、どちらも111kmであることも、不思議といえば不思議である。

◉111や108の不思議

では、どうして111なのだろうか。これを探るうえで、地球規模による思考が必要ではないかと私は考えた。それはなぜか。

まず、111という数字だが、これは地球の円周に関係していると思われる。

地球の円周は約4万キロ（赤道上）だが、1周360度で割ると、

40000㎞÷360度≒111㎞

という結果になる。つまり、経度1度あたり111㎞である。

111という数字は、ここからきているのではないだろうか。

次に66という数字だが、これは先述したように、地球の地軸のズレである23・4度を、90度から差し引いた66・6が由来だと考えている。

地球の地軸のズレ23・4度は、正確にいうと、黄道面の北極（直角）に対して、天の赤道面に対する天の北極との差に相当する。黄道の北極は黄道面に対して90度、天の赤道面に対する北極は黄道面からみると23・4度ズレているということになる。66という数字は、つまり地軸のズレを視点を変えて表していることになるのだが、これももしかすると裏と表の関係に相当するのかもしれない。

この111という数字に、黄金比の1・618を乗じると、次のようになる。

111×1・618＝179・598（≒180）

180といえば、三角形の内角の和がある。どのような三角形でも、その3つの内角を足すと、すべて180度になるという数理だ。三角形は、どのような図形でも、垂直二等分線によって交わった中心から図形を描くと3つの頂点を通る外円を描くことができるほか、三角形の図形の中にも内円を描くことができる。

ちなみに、180度を黄金比の1・618で除してみると、111・248となる。

180÷1・618＝111・248

私は、上述したように、任意の二点間の距離を測り、33や66、111といった数字で表せることを見つけたのだが、じつは、任意の3点を捉えると、外円や内円を描くこともできなくはない。円を描くとは、地球の地軸のズレによって歳差運動が起きるときに描くことができる円や、あるいは太陽を周回する地球の楕円軌道、もしくは黄道面などと、大変深い関係にあるといえる。

もうひとつ、108という数字についてもふれておきたい。

108というと、煩悩の数であり、年末から年始にかけて除夜の鐘をついてお祓いをするといった意味に受け取られることが多いが、私としては、当瑞雲寺の経度と、エジプトの太陽の神殿の経度の差を表していると考えている。

つまり、139－31＝108ということ。

108は、エンジェルナンバー的にみると、神への深い信仰心、宇宙の豊かさ、意識の深さといった意味になるのだそうだ。

この108という数字を、黄金比の1・618で除してみると、次のようになる。

108÷1・618＝66・749

神仏という側面からみると、確かに当寺と深い関係があってもおかしくはない。

闇雲に数字を追ってばかりいても、共通点はなかなか見出せない。その点、ここまで共通項を見出せただけでも、私はありがたいと思っている。

しかし、これだけははっきりといえる。これらの数字は偶然の産物ではなく、必然だということだ。最初からわかって測定していたとしか私には思えない。

第7章

数字はズレていない

数字はどれだけ正確なのか

◉数字の精度は高い

さて、これまで数字とは何か、距離や角度にはどんな意味があるのか、緯度経度のぞろ目は何を表すのか、といったことを様々な視点と角度から捉え、考察してきた。占いから始まり、暦、経度緯度、関東の数字取り、そして日本と海外との関係性など、いうべきことはすべてい い尽くしたと思っていたのだが、よくよく考えてみると、これまでの話は事実関係のみを書いたに過ぎない。この事実をもって、これらの意味するものは何か、そこを最後にいわないことには本書を結ぶことはできない。

では改めて、本書で何をいいたいのかというと、一言で表現するならば「数字はズレていない」ということだ。「数字？　ズレる、ズレない？」と首を傾げる読者もいそうなので、数字の何がズレていないのか、本章で明らかにしていこうと思う。

まず、これまで本書で解説してきた内容をざっとおさらいしてみることにする。

第1章では占いをテーマにした。占いには四柱推命や西洋占星術、算命学、タロットなど多種多様ある。この数々の占いも、じつは根底の部分では共通項があり、捉え方や切り口の違いはあっても、そのベースには、宇宙の摂理、法則があるということだ。

人が生まれた日時（わかれば「分」まで）が生を受けた原点とするならば、それを中心に、太陽、月、北極星や天球を彩る星座などとの関係性をはかり、人の運勢をみるのが占いである。そこに、陰陽五行（木・火・土・金・水、陰と陽など）も考慮することで、より精度の高い占いができる。

さらに、これまで経験則で培われたデータ、いわゆる統計学も考慮して表すところに占術の凄さ、醍醐味があるわけだが、単にデータが多ければ正確な答えが導かれるというものでもない。問題は、基になるデータそのものが精度の高い数字から導き出されていて、かつ、正確無比でなければならない。そうでないと、答えは微妙かつ曖昧なものになる。つまり、正確なデータ（数字や宇宙の法則）に基づかなければ、正確な占いができないということだ。

続く第2章では、日本という国がいかに正確な数字で配置されているのかを探求した。兵庫県明石市が日本の標準時間の中心である東経135度の子午線になっていることは周知のとおりだが、日本は東西（厳密にいうと北東〜南西）に延びる島国であり、明石が午前零時のとき、たとえば北海道の稚内も、沖縄の那覇もどちらも同時刻かというと、厳密にいえば違う。日本国内の最東端と最西端で2時間の時差があるといわれるように、少なくとも1時間以上のズレが発生している。

現に、東経でいうと、最東端は南鳥島の東経153度、最西端は与那国島の東経122度というように、経度だけで31度の違い、つまり、経度1度あたり90km（日本の場合）として３０００km以上も離れている。北米大陸が東西約４０００km以上あって、国内の時差だけで3時間あることを思えば、日本は狭いとはいえ、時差がないのは不思議なくらいだ。

確かに、時間標準時は明石市であり、日本国内ではここを基準にして時間が定められているわけなので、これを無視するのはどうかとは思う。しかし、前述したように日本国内だけでも北と南で距離差があるわけだから、たとえ標準時はあったとしても宇宙の法則に基づく時間からしてみるとズレているといわざるを得ない。

結局何がいいたいのかというと、自分たちの立ち位置を正確に押さえ、そこを基点として正確な時間をしっかりと把握することが大事だということだ。たとえ標準時間があったとしても、宇宙の法則に従って正確な時間を知るということは、自分の立っている場所の緯度経度は何かを捉え、自分の立位置を正確に知ることに他ならない。現在の地球時間は人類が決めたものであって、宇宙の法則とは異なっていることを認識することが大事だ。

これが、時間のズレという所以である。

続く第3章では、関東の数字について考察した。関東を調べてみると、寺社だけでなく、皇居や鎌倉、富士山など、鬼門裏鬼門なども含めて想像以上に正確な数字で配置されていることがわかった。

さて、第４章以降だが、ここからはあるつながりがあることから、まとめてみていこうと思う。まず、第４章では、関東を中心に海外との関係性について、数字的に関連性があるのかを考察してみた。どうしてエベレストが出てくるのかという点で、秩父三山にある両神神社との関係性があるからだというところが重要なポイントとして挙げられる。
そして、第5章では数字とは何か、数字のもつ意味や、成り立ちなどを追ってみた。詳しくは本章を読んでほしい。
さらに第6章では、私が奉職する瑞雲寺の周辺地域と、そこから関東各地の寺社との関係性について論じた。

こうして数字を追ってきて、改めてこれまでの経緯を再検してみると、ある共通点が浮かび上がってきた。その共通点とは、関東の数値取りをするうえで、当寺からとっていくと精度が高いということである。
もう一度、当寺の緯度経度をみてほしい。

瑞雲寺（小田原） 北緯35・18・38／東経139・10・49

この緯度経度を踏まえて当寺の真北に何があるのかというと、子の権現天龍寺が建っている。

子の権現（天龍寺） 北緯35・54・26／東経139・11・21

子の権現天龍寺は、十一面観音菩薩と不動明王が合祀されているという。当瑞雲寺もまた、十一面観音菩薩と不動明王、薬師を合祀している。子の権現天龍寺は護摩焚きなどを行っており、天台宗寺院になる。当寺は曹洞宗で宗派は異なるが、合祀する仏像が共通するのは不思議であると同時に、何かしらの縁を感じる。

子の権現天龍寺の同緯度上には、長野の瑞雲寺、茨城の瑞雲寺が配置されている（7―1）。

瑞雲寺（長野）　北緯35・55・35／東経138・12・33（十一面観音）
瑞雲寺（小田原）　北緯35・18・38／東経139・10・49（十一面観音）
瑞雲寺（茨城）　北緯35・52・27／東経140・13・00（十一面観音）

さらに、これらの同緯度上には、秩父の三峯神社が配されている。そして、三峯神社と三島大社は同経度上にある。

三峯神社　北緯35・55・31／東経138・55・49
三嶋大社　北緯35・07・20／東経138・55・07

ここまでは、前章でも解説した。

では、これらと当寺すなわち小田原の瑞雲寺とを結びつけているのは何なのか。それは、上

❖7-1　東経11分ライン

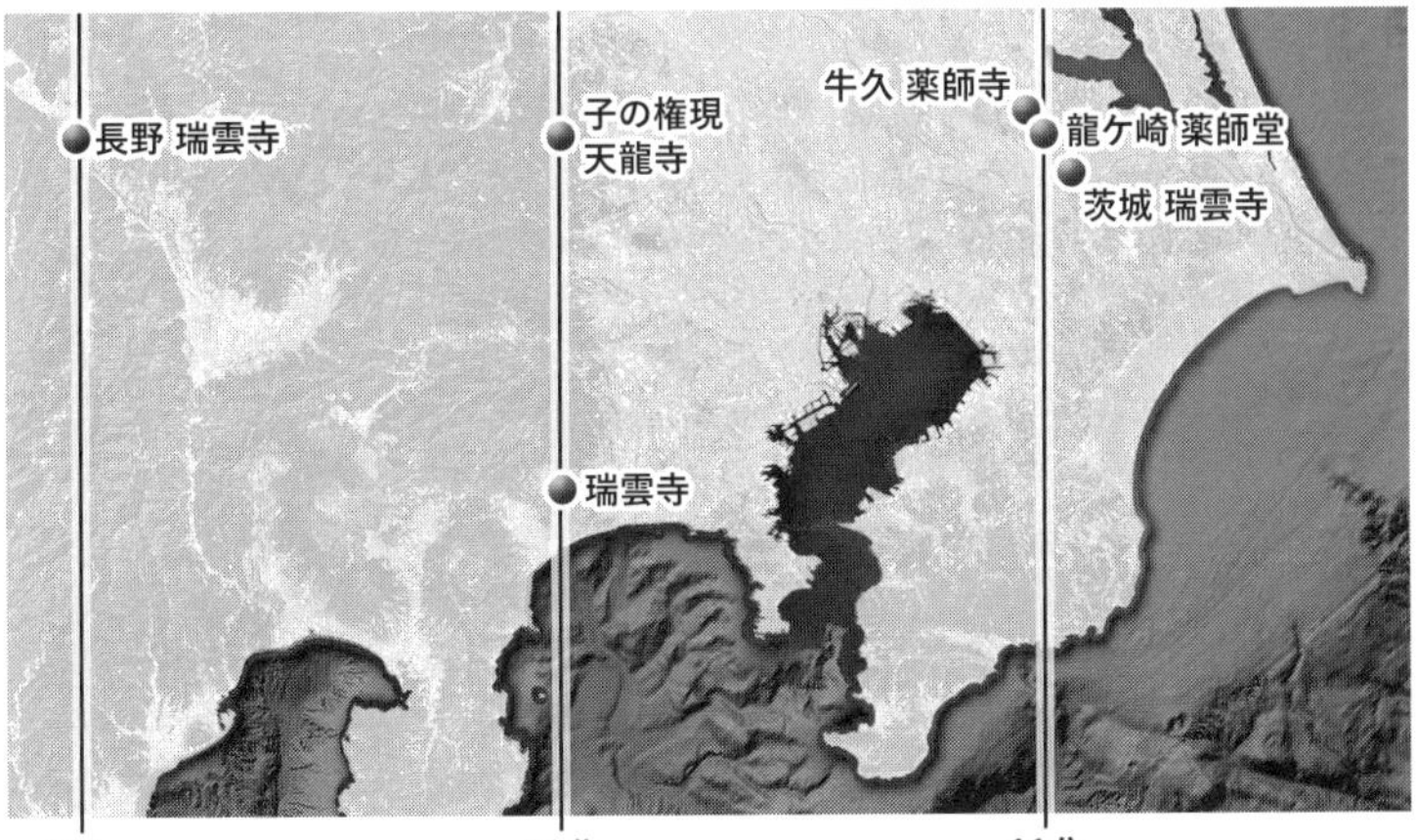

記の寺社が当寺を起点にすると実に見事な配置となるのである。

自分よがりとか、単なる偶然だろうと思われるかも知れない。あるいは、こじつけでこうした結論を出すためにそう仕向けているのだろうと思われても仕方ない。

しかし、この理屈は、三峯神社や三嶋大社、子の権現天龍寺を基点にして導けるかを試してみたものの、残念ながら一つ一つの関係性まで紐解くことはできなかった。

本書を読んでいる読者諸氏ならば、これまで解説してきたように時間軸などの基軸や、緯度経度によるつながりを論じてきた後なので話を繋げることもできるだろうが、それこそコロンブスの卵と同じ。最初をみつけることがいかに困難なものかは、コロンブスの卵が立証済みだ。

◉現在の鶴岡八幡宮は頼朝にとっての鬼門？

さて、場所といえば、一つ気になるところがある。それは当瑞雲寺の東にある鎌倉の元鶴岡八幡宮、かつての鶴岡八幡宮だ。ここの緯度経度は以下のとおりである。

元鶴岡八幡宮　北緯35・18・46／東経139・33・09

これも前述したとおり、元鶴岡八幡宮は当寺と同緯度上にあり、当寺の真東に当たる。距離にして約34㎞。元鶴岡八幡宮は第３章でも触れたように、同宮から寅方向の延長線上には皇居付近にある虎ノ門へと導かれる。虎ノ門と元八幡の関係はここでは省略するが、繋がりがあることは既に解説済みだ。

鶴岡八幡宮の主祭神は、応神天皇と神功皇后、比売大神（ヒメノオオカミ）である。応神天皇と神功皇后は親子、比売は応神天皇の子もしくは妻など諸説ある。八幡宮は九州の宇佐神宮が総本社で、現在の鶴岡八幡宮は源頼朝が移転したとある。元鶴岡八幡宮は、往時の面影を重要文化財として残すに止まっている。

前九年の役とよばれる奥州安倍氏との闘いに向かう前、源頼義・義家父子は戦勝祈願のため、京都石清水八幡宮を訪れる。その後、安倍氏征伐後に帰京する途上、鎌倉由比に立ち寄り、戦勝祈願をした石清水八幡宮を勧請する。これが、現在の元八幡のある場所になるわけだが、頼義・義家父子は、どのような理由からこの場所に遷宮したのだろうか。実に不可思議だ。
ちなみに、現在の鶴岡八幡宮の緯度経度は次のとおり。

鶴岡八幡宮　北緯35・19・34／東経139・33・23

東経的にみると元鶴岡八幡宮とはほとんど変わらず、緯度は1分だけ真北に移動しただけである。

余談だが、頼朝が現在の場所に移設してからの鎌倉幕府は、知ってのとおり悲劇が続く。まず、武家による幕府を初めて開府した頼朝自身が、落馬によって落命する。この頼朝の死を巡っては妻である政子が、実家の北条家と画策したなどの諸説はあるものの定かではない。

頼朝に代わり二代将軍となった嫡子頼家は、実母の実家北条家の画策などによりその地位や職を実弟の実朝に移譲せしめられ、その後、乱を起こすが叶わず、やがて重い病にかかり、北条家によって幽閉されたのち不遇の死を迎える。

さらに三代実朝は、頼家の子、公暁に暗殺される。暗殺場所は現在の鶴岡八幡宮である。公暁は当時、同宮の僧であったが、実父の仇を取ろうと密かに画策していたとされる。この叔父を殺した公暁もまた、自分を匿ってくれるよう頼んだ先で殺される。結果、頼朝の実子による鎌倉幕府はわずか3代で終わり、代わって政権を握ったのは頼朝の妻、政子の実家である北条家なのは周知のとおりである。

結論として、鶴岡八幡宮の移設は頼朝にとっても、頼朝の血族にとっても凶方位だったのかも知れない。

◉薬師つながり

さて、話は変わるが、当寺から西の富士山山頂には、久須志神社がある。当寺から久須志神社までの距離は41㎞。久須志神社の緯度経度は以下のとおり。

久須志神社（富士山） 北緯35・21・56／東経138・43・58

これまで、何度もここを時間軸の中心だといってきた場所である。久須志神社の場所をよくよくみると、富士山火口の北北東、つまり、表鬼門の位置に当たる。久須志というよび名は「薬師《くすし》」という漢字に充てることもできる。

じつは、〝薬師〟つながりでみると、富士山山頂の久須志神社と当寺は薬師つながりでもある。当寺のご本尊は十一面観音菩薩だが、境内には不動明王とともに本堂内に薬師如来も合祀していることは先述した。

ちなみに、瑞雲寺つながり、そしてこの薬師つながりでいうと、茨城の瑞雲寺のすぐ上方に牛久市があり、駅近くに薬師寺がある。この薬師寺と、エジプトのクフ王のピラミッドの緯度経度に共通点があるということだ。

❖7-2　東経00分ライン

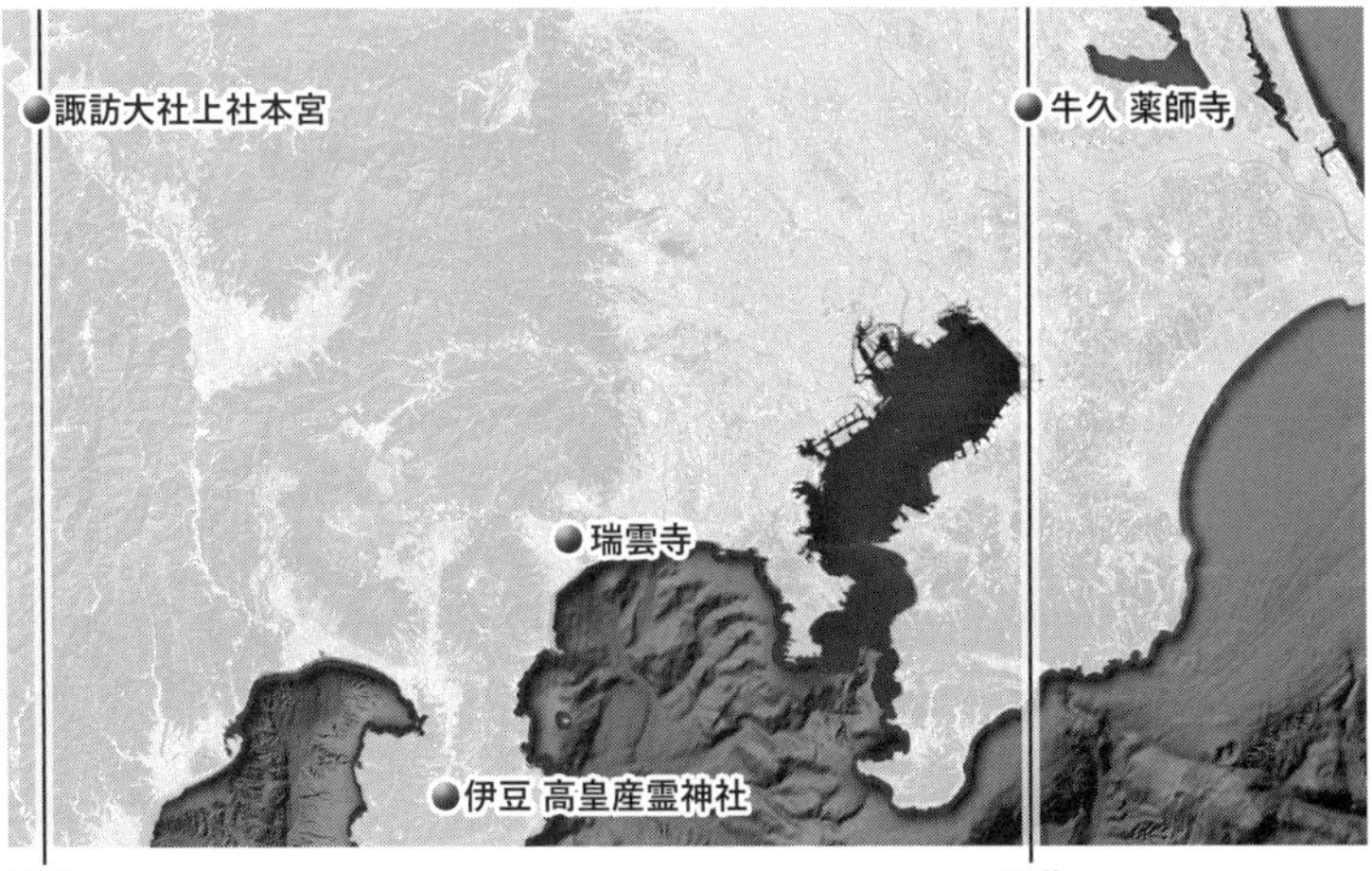

薬師寺（牛久）

北緯35・58・48／東経140・08・15

クフ王のピラミッド（エジプト）

北緯29・58・44／東経31・08・02

ぞろ目でもなく、緯度経度のつながりもないのだが、何か縁があるように思えてならず、薬師つながりを中心に色々調べてみた。残念ながら、日本国内には目ぼしい場所や寺社は見当たらなかったが、意外なところに接点があることをみつけた。それは、エジプトである。さらに細かく調べてみると、何とクフ王のピラミッドの位置との関係性を発見した。

薬師寺の経度緯度それぞれの分値は、経度は08分、緯度は58分と同値である。

もう1ヵ所、長野県の諏訪大社上社本宮もまた、東経に共通項がある（7―2）。

諏訪大社上社本宮　北緯35・59・53／東経138・07・10

もう少し詳しく調べてみると、最古のピラミッドとして知られる階段ピラミッドのジェセル王のピラミッドに行き着いた。ここの緯度経度と、瑞雲寺（茨城）は次のような接点がある。

ジェセル王（階段ピラミッド）　北緯29・52・16／東経31・13・00
瑞雲寺（茨城）　北緯35・52・27／東経140・13・00

どうだろう。改めてみると、分秒はまるで鏡をみているようだ。
さらに、太陽の神殿にあるウセルカフ王と、ニウセルラー王の墳墓、そして子の権現天龍寺、薬師堂（龍ケ崎）、瑞雲寺（長野）の緯度経度は以下になる。

ウセルカフ王　北緯29・54・00／東経31・11・57
ニウセルラー王　北緯29・54・14／東経31・11・38
子の権現（天龍寺）　北緯35・54・26／東経139・11・21
薬師堂（龍ケ崎）　北緯35・54・27／東経140・10・46
瑞雲寺（長野）　北緯35・55・35／東経138・12・33

❖7-3　東経11分ライン

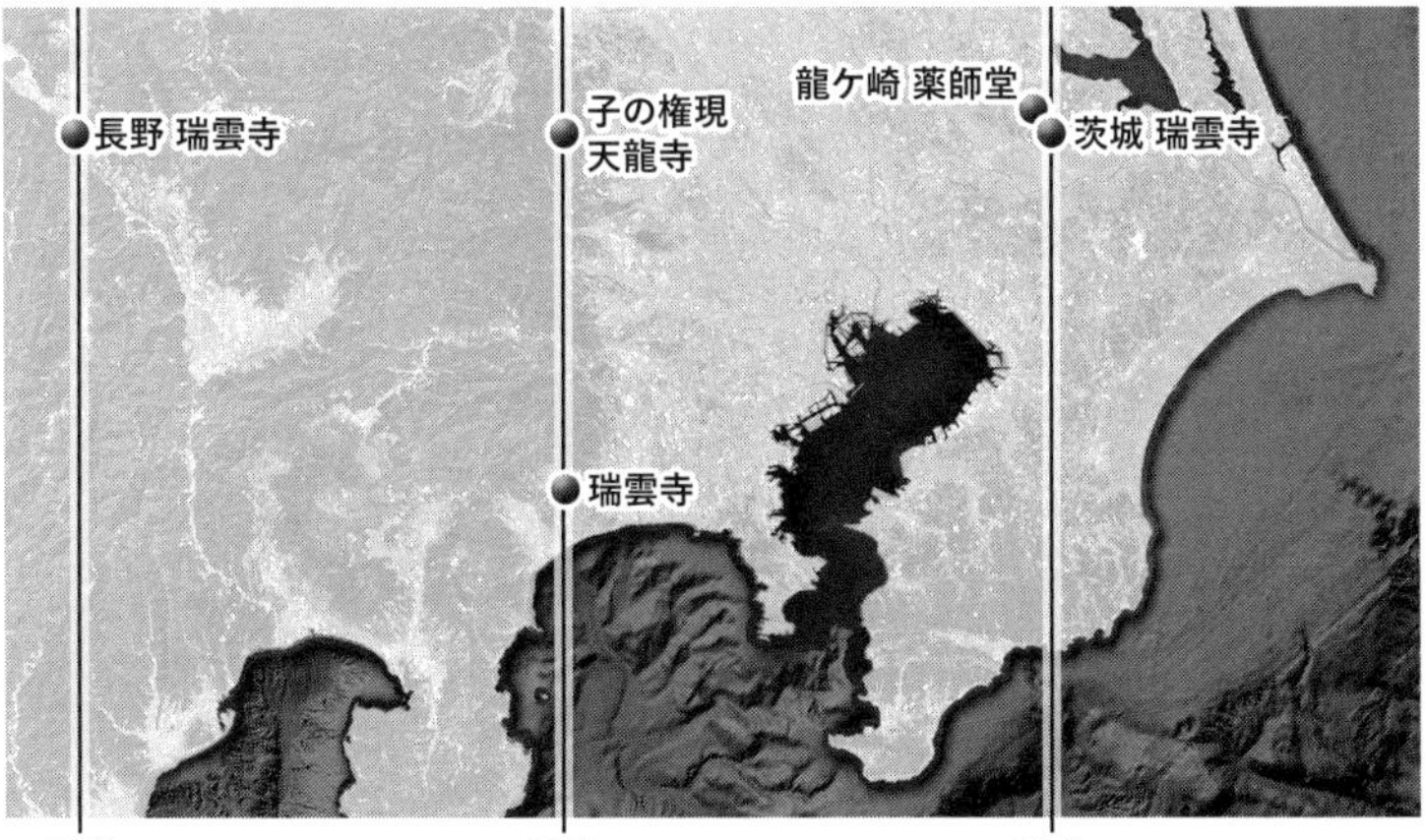

エジプトのウセルカフ王とニウセルラー王の東経分と、子の権現天龍寺、薬師堂（龍ケ崎）、瑞雲寺（長野）の東経分が11分前後で同じだということだ（7―1）。

これらのつながりから私が出した結論は、墓つながりではないかということである。

ピラミッドとは一体何なのか、という点について諸説あることは十分認識しているが、このようなつながりから逆算していくと、意外にお墓だったのではないか、そう思えてくる。

このお墓であったという点においては、ジェセル王のそれは明らかに墓といえるだろう。

◉キーワードは牛と龍

それにしても、このような緯度経度ばかりではない。いくつか気になる点がある。なぜ、探求場所に茨城の牛久と龍ケ崎が該当するのか。さらにいえば、牛久の「牛」と龍ケ崎の「龍」の文字が入っているのだが、これは一体何か。

「牛」といえば丑寅の牛（丑）という意味にも受け取れるし、牛頭天王の「牛」も考えられる。「龍」は龍穴や龍脈、龍神、四神の一つである「青龍」もある。

前述したように、関東平野は龍脈があるといわれる、いわばパワースポットのようなものだ。徳川家康がこの地を訪れたときも、龍脈があるとにらんだから、という俗説もある。

じつは、長野の瑞雲寺周辺も面白い。同寺の沿革をみると、現在は御射山神戸の中心に建つが、以前は入笠山の中腹牛首の尾根を登っていったところにあったようだ。つまり現在の位置よりも少し南西にあったということか。以前の長野の瑞雲寺があった場所は、入笠山の中腹にある牛首の尾根付近だったとのこと。ここにも牛首の「牛」が出てくる。

御射山神戸の中心に建つというが、ここには御射山神社という不思議な神社がある。毎年8月に行われる御射山祭では、太陽、月、星を同時に拝むことができるという「諏訪七不思議」が残されている。諏訪といえば水と風に関係しているといわれ、諏訪湖には龍神が住むという。ここにも「龍」という文字が浮かんでくる。

余談だが、入笠山のさらに北方には、乗鞍岳や唐松岳、大黒岳、白岳、五龍岳という北アルプスの峰が連なり、さらに唐松岳のすぐ近くには牛首という名前の場所がある。五龍岳の「龍」、牛首の「牛」など、こちらにも牛久などと同様な名称があるのが興味深い。

❖7－3　当瑞雲寺の23.4度ズレ

◉地軸との関係性

第4章では、海外に目を転じるに当たって、エベレストを介してみていくこととした。それは、富士山などとの山つながりもあるが、エベレストはやはり世界一の標高をもつこと、カイラス山と並びチベット仏教の聖地となっていることなど、宗教的にも重要視されてきた場所だからだ。より精度の高い数値を求めるため、エベレストのなかでも6000メートル級のアイランドピーク（チベット）で数値をとった。

アイランドピークから当寺までの距離を測定してみると4967・812㎞、機首方位は66・49度という数値が導かれた。66・49度を90度から差し引くと23・11度となる。この23・11度は、地球の地軸の傾きである23・4度に近似する数値である。

23・4度についてさらに調べようと当寺をグー

グルアースでみていたとき、本堂の屋根が南北などに向かって整然と向いておらず、若干ズレているのを発見した。実際にどんな傾き加減かを調べてみたところ、驚くことに23・4度であった（7―3）。

次に、アイランドピークから当寺と同じ距離にある4967・812km地点を探ってみたところ、ほぼ近似値として挙がってきたのが、イスラエルのエルサレムにある「神殿の丘」。ここは「嘆きの壁」があるところでも知られる。

神殿の丘 北緯31・46・41／東経35・14・07

緯度経度でいうと共通性が見出せないが、アイランドピークと線で結ぶと4967・739km。当寺とアイランドピークとの距離の誤差は100mもない。

他にも当寺と距離が等距離の場所を色々探してみたが、神殿の丘ほど合致する場所はみつからなかった。

そしてもう一つ、私が以前より気になっているスサノオノミコトに関係しているとされるスサという都市の緯度経度である。

スサ（スーサ） 北緯32・11・33／東経48・14・57

緯度経度でみると、緯度の11という数字が気になる。当寺の経度は11分で、スサの緯度は11分というつながりがあって、数字的には共通してなくもないが、緯度と経度の違いはある。

じつは、調べていて、こうした緯度経度の逆転現象が顕著な地域が日本にも存在する。先に述べた茨城は関東における一例だが、ほかにも緯度つながりはたくさん存在するのだ。

さらに日本列島を概観すると、九州と四国がこれに該当する。九州と四国は、関東や本州とは違った数値取りをしているようで、緯度と経度の取り方が反対なのである。なぜこのような現象が起きているのかはわからないが、これはまだまだ深堀する必要がありそうだ。

◉過去・現在・未来

さて、どうだろうか。

数字が「ズレている」と、このような現象というか、位置関係は発見されない。ズレていないからこそ、ここまで正確に数値が合ってくるのではないだろうか。

では一体、当寺がこれほど正確な位置を示す基点になっているのはなぜか。

まず、数字がズレていないということは、正確な時間を追っているということにつながる。

先述したように、私は、時間とは「宇宙の真理」だと考えている。時間の概念は、場所を示すツールとしても使われた。これまで本書でも何度となく使っている緯度経度もその一つだ。

緯度経度が世界の共通認識になったのは、グリニッジ天文台における本初子午線が認められたからで、１８５１年に制定される前までは、世界的に緯度経度の統一は図られていなかったようだ。それまでは各国、各地域それぞれ独自の方法があったようで、この本初子午線を巡っては、その主導権について英仏でかなりやりあった経緯があるといわれる。結局、この争いは英国に軍配が上がり、現在のグリニッジ天文台が基点になった。

遠い昔、古代エジプト時代やギリシャ時代などに時間の概念が生まれ、24や60という進法の枠内で時間という概念が定まった。確かに偶数だし、割り切れるという意味ではわかりやすくていいのだが、実際の時間は簡単に割り切れないし、単純ではない。

現在の世界時間の測定は、クオーツ（水晶式）時計ではなく、電波時計を使用している。電波時計といっても、時計の形状をしているわけではなく、一種の電波装置のようなもので、電子の振動を測定するという、いかにも化学的な理論に基づく測定方法だという。

しかし、この電波時計もじつは正確ではない。１年のうち１秒ほど、ズレる。このズレを修正するために用いられるのが、閏秒である。

なぜこのようなことが起きるのか。宇宙の法則は人間の思考の領域では計算しきれない複雑なものなのだろう。24や60といった数字にきれいに落とし込めるならば、これほど便利で簡単なものはないが、宇宙の真理は人間の思考を遥かに超える。もう一度いうが、宇宙の時間は正確である。

いくら地球上で精密な時計を作ったとしても、宇宙と完全に一体化する時間を測定できる構造体をつくるのは残念ながら難しく、どうしても微妙にズレてしまう。ズレの度合いは決して大きくはなく、ごくごく微小なのだが、この微小なことが、実は宇宙の真理を探るためには必要不可欠だということを、多くの人は知らない。否、知ろうとしない。

ところが、古代の人々のなかには、この「ズレている」ということを理解し、精密な時間を大地に刻もうとした。これまで、ぞろ目が時間軸だといってきたが、これはいわば目安にすぎない。この目安（軸）を押さえとし、この軸からさらに細かく刻んで正確な時間を探ろうとしたのではないか。これが、今回の本の肝部分である。

三峯神社や三嶋大社などの「三」という数字も、理由があると考えられる。三峯神社については秩父三山の「三山」から命名されたと伝えられている。三嶋大社の「三嶋」は、摂津三嶋、伊予三嶋にあるように大三嶋信仰からきているという説や、伊豆大島などいくつもの島に囲まれているという意味からきたとも伝えられる。三嶋大社の由来によると、地名は三嶋大社の「三嶋」から名付けられたそうで、地名より先に社名が付けられていた。

私はこの「三」という数字には、現在、過去、未来という時間的な要素が含まれていると考えた。現在は、過去があってこそ存在するわけだし、現在がなければ未来も予測はできない。時間の移り変わりを考えると、現在、過去、未来を知ることが大事なのだということを示しているのではないだろうか。

そして、高皇産霊神社は、富士山の久須志より関東を囲むようにして高見から方位を結ぶ、時間軸をみるという意味が込められているとも考えられる。

また、四方についてだが、鬼門裏鬼門をみると鬼門は丑寅、裏鬼門は坤《ひつじさる》の方角が一般的である。しかし、鬼門にはその反対、つまり戌亥（北西）と辰巳（南東）の方角を隠す意味もあったのではないだろうか。

辰巳は風門といわれ、戌亥は天門といわれる。天門は天へのぼる入口という意味があり、辰巳の風門は風の入る金門《きもん》、つまりお金にご縁がある門とも解される。鬼門や裏鬼門ばかりが取り上げられることが多いが、他の方角にも目を向けることが大事だ。

陰と陽、表と裏、白と黒…、これまでみてきたように、物事を正面だけでなく、角度を変えてみることで、真実がみえたりすることもある。

何事もそうだが、今見えているものばかりが真実ではない、ということを肝に銘じて生きることが大事だということだ。

さて、どうだろうか。何もないところから位置関係を割り出すのは極めて困難な作業である。たまたま、当寺を基点にしてみていったとき、時間、場所、緯度経度、寺社などが、驚くほど正確に、しかも理路整然と配置されているのがよくわかる。

さらに、海外とのつながりのなかで、エベレスト、アイランドピーク、イスラエル（エルサレム）、エジプト、そしてイラクなど、人類史における文明発祥の地や、世界一標高のある山

❖7-4　関東の主要寺社配置図

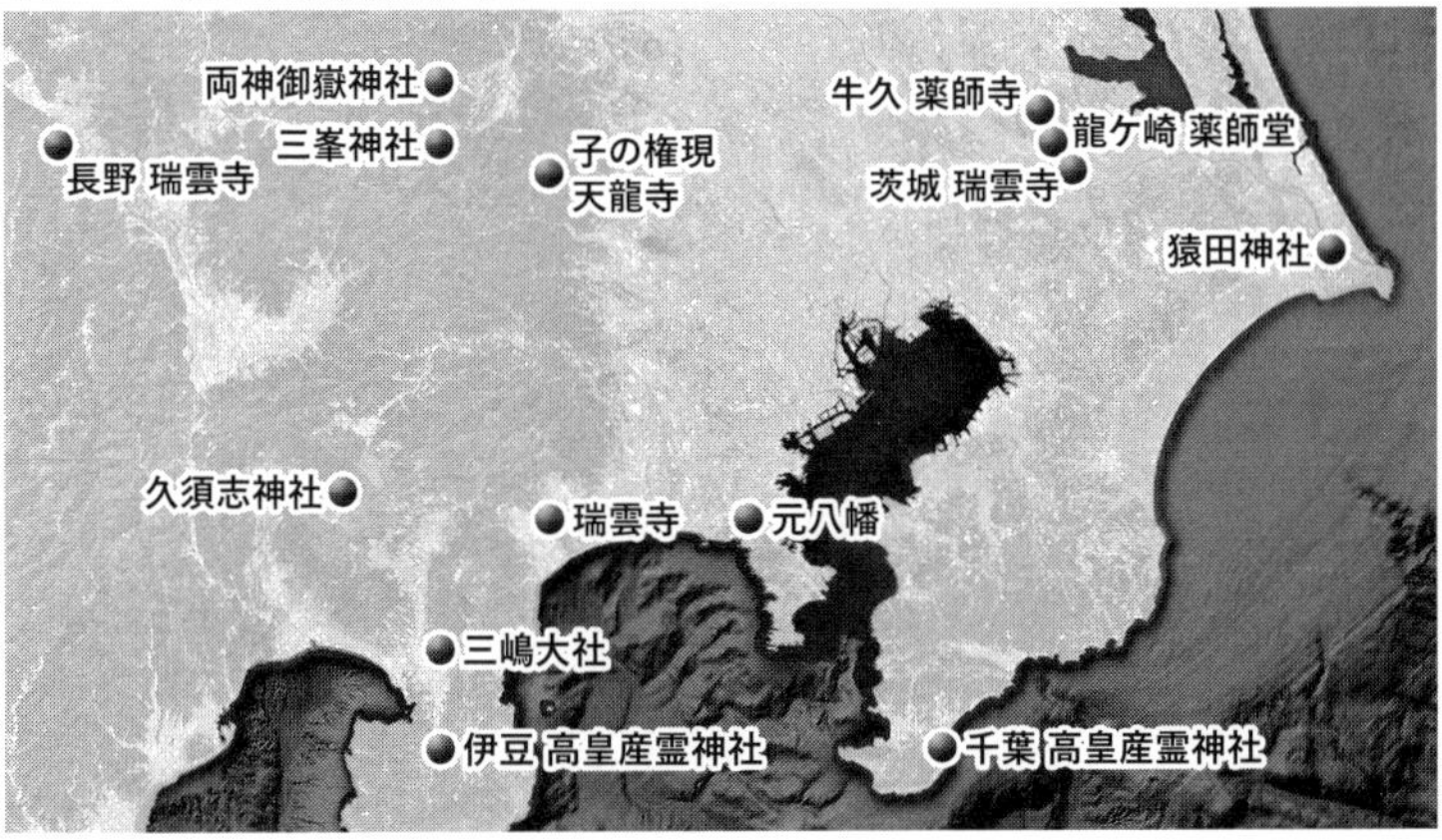

とのつながりというなかで、日本との関係性があることもみえてきた。

その基点となっている場所に、奇しくも当寺があるというのは、ただただ驚くばかりである。

これまでのことを一つの図に示したのが、7―4である。

まず、富士山頂上にある久須志神社が東経44分上にあって、これが時間軸の中心をなしているということ。

先述したように、当瑞雲寺と同じ東経11分には、子の権現天龍寺、瑞雲寺（長野）、薬師堂（龍ケ崎）、瑞雲寺（茨城）があり、同東経分に、エジプトのウセルカフ王やニウセルラー王の太陽の神殿があるということ。これらはまた、瑞雲寺（茨城）を除き、北緯54～55分上にあるという共通点があること。

東経55分上には、三峯神社、三嶋大社のほか、両神神社があるということ。両神神社は、瑞雲寺（長

❖7－5　当瑞雲寺と周辺寺社との関係

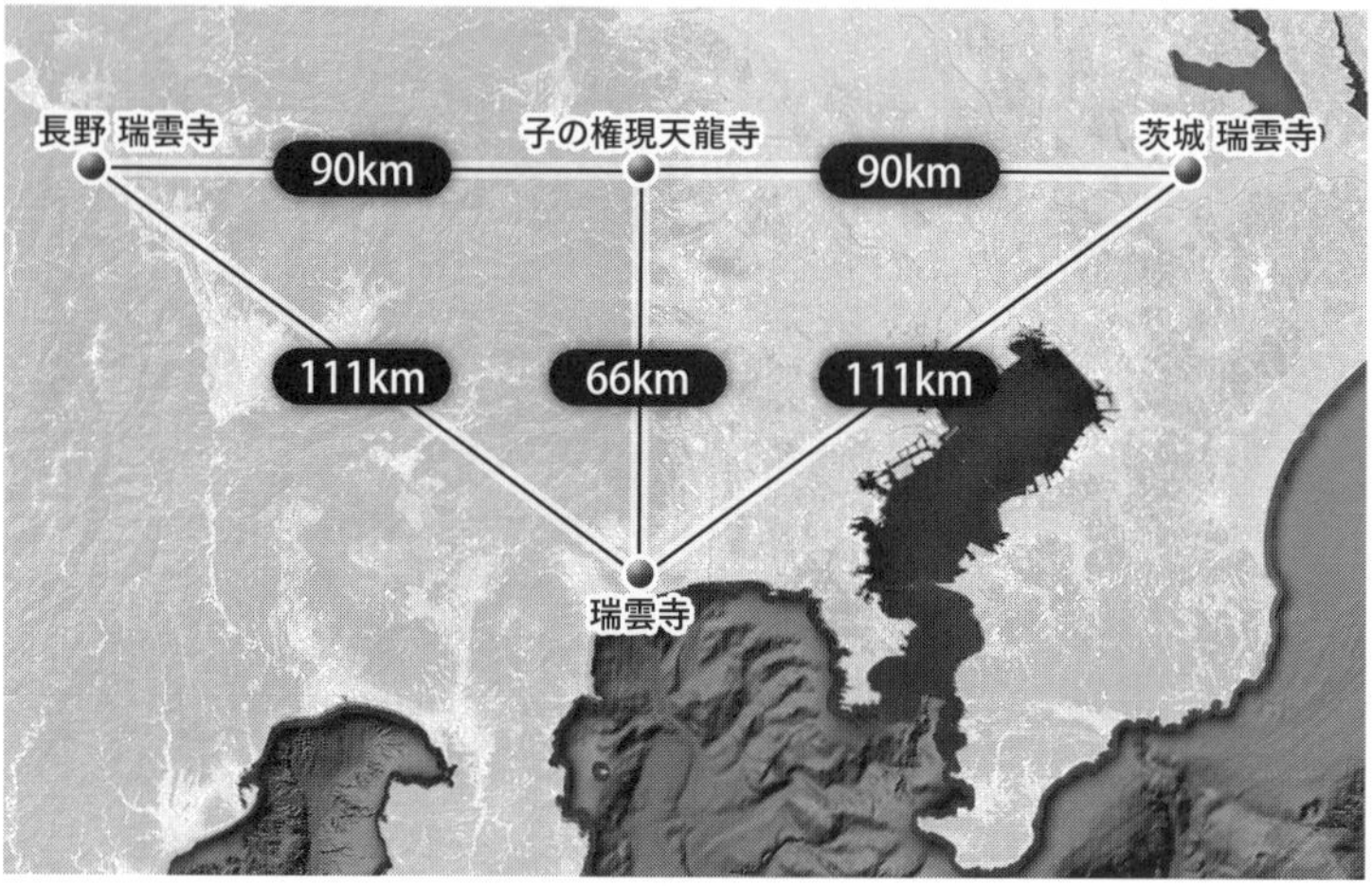

野）と瑞雲寺（茨城）のちょうど中間に位置し、エベレストもまた東経55分にあるということ。特に、エベレストと両神神社は北緯00分上にあって共通点があるということ。さらに、瑞雲寺（茨城）と、エジプトのジェセル王の階段ピラミッドが東経13分、北緯52分上にあるということ。

エベレストよりもさらに精度の高さを考えてアイランドピークを起点としたとき、三峯神社、伊豆の高皇産霊神社、千葉の高皇産霊神社もまた東経55分上にあり、さらに北緯55分上にあって、これらは山つながりではないかとの仮説を立てられるということ。

ぞろ目ではないが、薬師寺（牛久）や諏訪大社上社本宮（長野）と、エジプトのクフ王のピラミッドが東経08分で同じであるほか、緯度上も北緯58分上の位置にあるということ。これにより、ウセルカフ王やニウセルラー王と同じく、エジプトと何らかの関係性があるのではないかという仮説を立てるに至ったということ。

以上の関係性にあって、角度、さらには距離を測定したときに、地球規模の23・4度という地球の傾きであったり、地球の円周の8分の1に相当する5000km前後でつながっていたりするなど、人知の想像を超えた数値によって寺社や墓、ピラミッド、山などが配置されているということが、今回の検証により導くことができた。

これらを導くためにその中心的な要所となったのが、奇しくも当瑞雲寺であったというのは大変不思議なことだ。

もうひとつ、当瑞雲寺と子の権現天龍寺、長野の瑞雲寺、茨城の瑞雲寺との関係について説明をしておくと、緯度経度だけでなく、距離においても興味深い点がある。

まず、当瑞雲寺と子の権現天龍寺までの距離を測ると、約66kmとなる。長野の瑞雲寺から子の権現天龍寺までと、茨城の瑞雲寺から子の権現天龍寺まではそれぞれ約90kmある。

さらに、当瑞雲寺から長野の瑞雲寺と、当瑞雲寺から茨城の瑞雲寺まではそれぞれ111kmの距離にある。これを図示したのが、7－5である。この図をみるとわかるように、子の権現天龍寺と当瑞雲寺とを中心線にしたときにできる二つの三角形は、ほぼ相似だということがわかる。

66という数字に、黄金比である1・618を乗じると、106・788となり、108という数字に近くなる。また、111という数字は、地球の赤道付近の経度1度と同じ距離にある。

さらに、66や111という数字はぞろ目という偶然性も面白い。

この数字や関係性については、当瑞雲寺を起点に調べなければ導き出せない。しかし、これほど数字的に興味深い結果になろうとは、想像もしていなかったことである。

もちろん、本説に異議を唱える人もいるだろう。ならば、ご自分のいる位置を正確に測定してみるとよい。そこを中心に調べてみて、自分の立ち位置がどんな場所か、そことつながっているものは何があるのか、正確に測定してみると、存外、面白い情報が得られるかも知れない。

もし、そうした事象があったならば、ぜひ筆者にも知らせてほしい。

◉印を結ぶ、印を組む

ところで、「印を結ぶ」とか「印を組む」という言葉がある。印には、印鑑の意味もあるが、ここでいう印は、手で表現する形のことである。密教系では、加持祈祷の際、護摩壇で火炉を焚き、真言を唱えながら木札（護摩札）を火炉に投げ入れる。ここで、両手を使い、指を交差したり、組んだりして祈祷するのだが、これを宗教的に「印を結ぶ」、あるいは「印を組む」などという。

印を結ぶのは、いわゆる宇宙との一体を表すためとされる。もともと印は、インドなどで会話に代わって手の形や動きで会話していたときの、いわば手話のようなものといわれる。また、仏像に印をつけることで、仏像の意味することをわかるようにしたともいわれるが、印の数は相当数ある。印は、印相とも、印契ともよばれる。

印を身近にみることができるのはお寺の仏像であろう。仏像の両手の形をみると、色々な型があることに気づかれると思う。

漫画やアニメなどで法術師が魔物などを撃退したり自身を保護する目的で使用したりしているのをみたことがあるだろうが、印を結ぶだけでどうしてあんなパワーを生み出すことができるのか不思議に思う人もいるだろう。それは、真言を唱え、印を結ぶことで宇宙との一体化が図られ、自身の内面にある念通力、いわゆる超常的な能力を発現させることができると考えられているからだ。

本来の印の目的はさておき、私としては、印を組んで指で計算していたのではないか、そして印を結び宇宙との一体化を図ろうとしたのではないか。もしそうだとすると、私の目指すものと何か関連性はないのだろうかと気になった次第である。

◉印にはそれぞれ意味がある

じつは、私の理論もいわゆる「結ぶ」というところでは共通している。場所を結び、寺社を結ぶ。この結ぶということが同義ならば、印と何か関連性があるのかも知れない。

もちろん、確証はないが、護摩は火、火には水、真言、方位、印で結ぶ……、こうした一つひとつの所作や事物には、私の理論に沿う部分は多い。

手と手を合わせる合掌も印の一つになる。私自身は拝像する際に印を結ぶ。このような「印」を結ぶこともまた、宇宙と現在、過去、未来を願うと同時に、神仏とつながるための行為なのだろう。

「天上天下、唯我独尊」

お釈迦様がお生まれになった直後に、天上を指さして、おっしゃった言葉とされている。

自分の正確な位置を知らなければ、何もわからない。

お釈迦様は、生まれてすぐ7歩歩み出て、右手で天上を指してから前記の言葉を放ったというが、まさに自分の位置を知ることがいかに大切なことか、お釈迦様ご自身が体現したといえなくもない。

終章

宇宙の法則はズレていない

祈り、そして忌むべきことの関連性

◉なぜ忌み嫌うのか

エジプト古王国期における第3王朝（BC2650年頃〜）で、初代の王であるジェセル王時代に、王の指南役であり、宰相であったイムホテプが初めて階段ピラミッドを設計したとされている。この人物はクフやカウラー、メンカウラーなど三大ピラミッドの建造や、ミイラを作り出したといわれており、彼の死後は「知恵・医術、建築、設計、魔法の神」として神格化された。

イムホテプという名前をみると、日本語読みで「イム＝忌む」という表現に置き換えることもできなくはない。また、「イム」というカタカナ二文字を組み合わせると、「仏」という漢字にもなる。当時の人々は、彼を天才と称していただろうが、もしかすると、その優秀さゆえに彼を「忌み嫌う」ものもいなくはなかったのではないだろうか。だから、神に対して身を清め、呪術的な考えをもって災禍を避け、日々の営みを慎むといった生活をしていたとも考えられなくはない。もちろん、想像の域を出ない話ではあるが。

イムホテプという名は、「平和になる・二つの力の和睦・満足させる」という意味だそうだが、色々調べてみると、古代エジプトの神であるトート神（トト神）やセト神とも繋がっているという。

トート神は古代エジプトでは「知恵」や「時」あるいは「書記」、「魔法」「医療」などに関する神として知られ、沈んだあとの太陽に代わって地上を守護する神とされた。また、トート神は人間の姿形ではなく、トキやヒヒといった動物などで表されていた。トート神の妹として扱われるようになったのが、女神セシャトで、書の神として、また測量の神としても知られる。トートとセシャトが並んだ姿が掘られた壁画も残されている。

一方、セト神は古代エジプトのエジプト神話においてエジプト九柱の一つとされた。この九柱は、アトゥム、シュー、テフヌト、ゲブ、ヌト、オシリス、イシス、セト、ネフティスがある。セトは実兄のオシリスを殺し、オシリスとイシスの間に生まれた子のホルスとの戦いに敗れた神だ。これには後世、人々がオシリスやホルスを上位の神として扱うようになり、その対象としてセトが悪神として扱われるようになったともいわれる。こうした経緯からか、セト神は不毛の砂漠や暴力、戦いなどの化身として邪神扱いされ、ジャッカル（オオカミ）や河馬《かば》やツチブタ、ワニなど様々な動物で表されることが多い。これらから、「セト・アニマル」という合成動物という意の表現をするのがセト神の特徴でもある。

しかし、エジプト新王国期の第18王朝のファラオであるトトメス3世がセト神から弓を習う壁画が残されているほか、ラムセス2世時代には戦勝を祈願する神として奉られるなど、時代や地域によって扱いが異なる神でもある。

セト神の姿は星座でもみられる。たとえば、おおぐま座の主体系となる北斗七星は、エジプトでは牛の腿と考えられ、これはセト神の腿とされた。さらに、セト神は、太陽神ラーが冥界へと旅する際に悪神から守ったとされ、夜の闇を打ち負かすという意味から「明けの明星」すなわち金星の神としても崇められた。セト神が兄オシリスを殺した背景には、自分が長兄で生まれたかったという欲望があったとされる。こうした欲望には広義的に性欲なども含まれるとされるようで、子孫繁栄の神ともいわれる由縁だ。

ヒエログリフでは、セト神は生命と権威、そして繁栄を意味するとされる「アンク」(お守り)や「ウアス」杖などをそれぞれの手にもった壁画として描かれている。

理科の授業で学んだと思うが、北の夜空を眺めると北斗七星が輝き、さかさまになったひしゃく型の側面から5倍の距離にあるのが北極星だということを私たちは知っている。北極星は不動であることから、北斗七星を探すことができれば方角や時間が北極星をもとにして測定することができる。つまり、北斗七星は時間を測る星座ということもできる。これにより、セト神は時を操っていたとされている。

古代エジプトの神であるトート神やセト神、ピラミッドを最初に作ったイムホテプ、階段ピラミッドを作らせた第3王朝の初代の王であるジェセル王など、調べれば調べるほど、時、そして星座、天体の動きなど宇宙の法則を地上に体現していると感じずにはいられない。

◉古代豪族、蘇我氏の使命とは

以前、私は「蘇我氏と曽我兄弟について教えられたこと」や「スサノオの数字」を出版した際に、当寺のある曽我と、古代豪族の蘇我氏との関係について論じた（＊なお、蘇我氏の表記は、日本書紀では蘇我、古事記では宗賀もしくは蘇我となっている。本書では、「蘇我」で統一している）。

もともと、蘇我氏と曽我という地名には何らかの共通点があるとみていたところから、先の本を上梓するに至ったのだが、日本古代史においては、蘇我氏は悪名高いことで知られていることは周知のとおりである。まさに「忌み嫌われた」氏族といえる。

蘇我氏の台頭は、蘇我氏の祖とされる武内宿祢から始まったとされ、以後、蘇我稲目の代になり天皇家との関わりが一層深くなったと同時に、より大きな権力を得る。それから、彼の子である蘇我馬子、その息子の蝦夷、孫の入鹿の3代に亘り、蘇我氏は天皇家をも凌ぐ巨大な権力を握り、栄華を極めることになる。

しかし、蘇我氏の栄華も長くは続かなかった。日本書紀によると、中臣（藤原）鎌足や中大兄皇子らによって誅殺される。その暗殺の場面は『絹本多武峯縁起絵巻』（上下巻4巻）にも生々しく描かれている。

こうした背景を踏まえながら、蘇我氏と曽我との関連性について論じたのが、先の『蘇我氏と曽我兄弟〜』や『スサノオの数字』なのだが、『スサノオ〜』では、正確な数値を計りそれを地上に落とし、宇宙の法則を地球上に刻印した一族がいたとの仮説に基づいて、時間軸や距離などを正確に測定した一族をシルエットのごとく浮かび上がらせた。その一族は、スサノオ系の神社と深い関係性があることは私が調べた限りわかっている。その一族こそ、かつて悪名高い古代豪族と謳われた蘇我氏だと、私は考えている。

無論、歴史学者などからすると一笑に付される話かも知れないが、しかし、あれだけの権勢を誇った一族が、なにゆえ忽然と歴史上から姿を消してしまったのか、それが不思議でならない。蘇我氏は歴史上、中臣鎌足らに暗殺されたとされているが、真相はどうなのか。

そこで私は、ある仮説を立てた。表向きは暗殺という手段を使って世の中から自分たちの痕跡を消し去ったのではないか、と。では、なぜわざわざそんな手の込んだことをしたのか。私が出した結論は、蘇我氏は、表舞台から姿を消したが、実は途方もないことを子孫などに継承しようとしていたのではないのか、ということだ。

私は二十数年前から小田原の曽我地域に住み、神仏を訪ね歩き、当瑞雲寺の住職としてこの数字の問題に取り組んできた。時間軸、緯度経度、距離、角度……とにかくあらゆる手段を講じて数字を追い求めてきた。そして、須我神社や須賀神社、須佐神社や阿須賀神社、宗我神社など、スサノオノミコトとつながりが深い神社は、高い精度の数値取りをしていることを確認した。その数値を導く理論の継承者、それこそがほかならぬ蘇我氏だったのではないだろうか、と考えた。

あまりに荒唐無稽な話だと思われるかも知れないが、蘇我氏について記述している日本書記も暗殺後の蘇我氏についてはまったく触れていない。今では、内容すべてではないものの、日本書記の記述内容の信ぴょう性が問われているとも聞く。歴史上では、傍若無人で権勢を欲しいままにした忌むべき一族だった蘇我氏だろうが、日本書記の編纂時期は蘇我氏と敵対していた藤原氏の時代である。藤原氏といえば、蘇我氏暗殺を企てた中臣鎌足を始祖とする一族。当然、蘇我氏への恨みや不満は大いにあったことだろう。

蘇我氏暗殺は、藤原氏にとっては、権力を握るうえで必要な行動だった。また、鎌足とともに暗殺を企てた中大兄皇子（後の天智天皇）は天皇制による中央集権制度を強化するために、このクーデターを布石として成功させる必要があった。よって、時代の流れは蘇我氏を消す方向へと突き進んだわけだが、蘇我氏暗殺後の記述があまりにないことから、何か別な意図でもって表舞台から自分らの存在を消したのではないか、そう考えるに至ったのである。

では、日本のこの数値取りと、エジプトとはどのような関係にあるのか。それは、第6章や第7章で語ったように、茨城の瑞雲寺、子の権現天龍寺など、エジプトの遺跡などの経度と合致する数値が多数あることだ。たとえば、エジプトのウセルカフ王（31・11・57）やニウセルラー王（31・11・39）の太陽の神殿は、子の権現天龍寺（139・11・19）や龍ケ崎の薬師堂（140・10・46）、そして長野・瑞雲寺（138・12・33）や当瑞雲寺（139・10・49）も経度分が同値。さらにイムホテプが最初に造ったとされるジェセル王の階段ピラミッド（31・

13・00）と茨城の瑞雲寺（140・13・00）は同東経分値である。

また、距離で測定すると、イスラエルの神殿の丘から、アイランドピークまでが4967・739km、アイランドピークから当瑞雲寺までが4967・812kmで、かつ、機首方位が66・49度というように、極めて興味深い数字が取られている。アイランドピークまでのそれぞれの距離を約5000kmとすると、この数値の8倍は、地球の円周に相当する。

つまり、エジプトやイスラエルと日本とは、経度分および距離に関して、同じ数値取りをしているのではないかと考えた。


余談になるが、なぜ8倍なのか。8という数字については第5章で、仏教界においてもキリスト教においても、極めて重要な数字だということは説明した。8といえば、思い出すのはアナレンマがある。アナレンマとは、地球のある一点から、毎日、同時刻に太陽を1年間撮影し、その画像を一つにつなぎあわせると、8という文字になるという曲線のことだ。なぜ8の字になるのかについての詳しい説明はここでは省略するが、面白いのは、地球の地軸が23・4度傾いていることや、楕円軌道によって太陽を周回していることで、8の字曲線になるということらしい。さらに、夏至のときは天の赤道より23・4度北に太陽があり、冬至のときは天の赤道より23・4度南の位置に太陽が来る。こうしたことも、太古の人々はわかっていたのではないかと思うほど、数字のズレがみられない。

さて、話を元に戻すと、これらの数値取りはなにゆえなされたのだろうか。私が考えるに、時間や角度、高度、三角法などあらゆる技法を駆使し、自分の立ち位置、つまり自分のいる場所を正確に計り、宇宙との関連づけをしたのではないか。

なぜ、宇宙との関連づけが必要だったのか。それは、第1章の占術のところでも触れたように、自分の星や数字を知ることによって、自分の性格や運勢を知ることもできるし、自分と関連する人々との相性などを知ることにもつながる。しいては、自分あるいは自分の血脈における過去・現在・未来を知りうることにもなる。

これまでも繰り返し述べているように、地球の時間は宇宙の普遍的な時間に包含される。宇宙の時間は正確であり、よって地球上に住む我々人間は、この宇宙の時間を正確に計ることこそが、自分自身を正確に計る物差し、つまり基準となる。この基準をしっかりと押さえておかないことには、地球上に住む我々の正確な場所、正確な時間を測ることはできない。だからこそ、基準づくりはとても大事だったはずである。

そしてこの基準というのは、これまで何度となく繰り返し説明をしてきた、緯度経度、ぞろ目などの数値取りをした軸だということだ。

では改めて、この正確な時間や場所などを押さえることになぜこだわったのだろうか。

正確な時間や場所を定めることは、占術の章でも記述したように、より精度の高い占いをするうえでは必要な要素である。第1章で「自分の数字は何か」を問いたが、数字を出すときには自分の生年月日から導くことは説明した。さらに精度を高めるために、生まれた時間まで出すと、より精度が上げられることにも触れた。

つまり、自分の生まれた生年月日、そして、生まれた時間に、どんな星座が天空にあり、その星座がどんな星座と良い関係にあるのか、あるいは相克関係にあるのかを知ることが、とても大切だということを解説した。だからこそ、正確な時間を知ることは大事なことであり、時間軸などの刻印を進めたのではないだろうか。まさに、宇宙の時間を地上に刻印したということになるのだろう。

こんな途方もないことを、いったいどんな人々が実行したのか。もちろん現代の人々ではなく、遥か昔、地球上に居住していた古代人だったことは疑うべくもない。

古代の人々は、自分と、そして自分の血族が生き永らえるかどうかを天空の星や月などを眺め、正確な時間を測り、現在・過去・未来という時間経過のなかで、自分の血脈の行く末を検証していたのではないだろうか。もちろん、自分自身についての占いも行っただろうが、自分を知ることで、自分の過去、そして未来もまたみることができる。

第1章ではまさに、こうした自分を知るための「占い」について解説をした。四柱推命や星占いなど、占術のポイントは取り上げたが、何より大事なことは、精度の高い占いをするには占いをする数字の正確さが求められるということだ。そして、確かな数字を得るには、宇宙の法則をしっかりと押さえておかなければならない。

数字の取り方は極めて精緻な確度でとる必要がある。先述したとおり、この数字を取る根拠は宇宙すなわち天体の動き、つまり宇宙の法則を把握することだ。宇宙の法則は絶対的であり、正確無比である。なぜなら、地球上の時間とよべるものは、宇宙の法則に基づいて利用されているからだ。

この正確無比な数字を追い求めていた人々が古代にいて、その人々が地上に杭を打ち込み、宇宙の法則を地上に体現していった。その杭がのちに、寺社となった場所であったり、富士山やヒマラヤもしくはエベレストのような自然物であったりしたのではないか。

この杭を打ち込んだ祖先の一族、それこそがエジプトやイスラエル、そして日本をつなぐ糸をもたらした人々だろう。蘇我氏は、そんな一族の末裔だったのか、あるいは、日本においてその糸や杭を守るべき一族だったのか、それは彼らの血脈のみぞ知る。

◉表と裏

さて、古代エジプトの話から蘇我氏の話へと、やや飛躍しすぎたかも知れないが、古代エジプトの神々と、日本の神話や伝承に登場する神々や、寺社などの主祭神、眷属などに共通するものが多い。たとえば、トート神のヒヒは、猿田(彦)神社の主祭神であるサルタヒコノオオカミや天狗で表わされるのと似ているし、セト神のジャッカル(オオカミ)は、秩父の三峯神社の眷属であるオオカミ(ニホンオオカミ)と共通している。

先の古代エジプトのイムホテプの出自については明確にわかっていないものの、一説ではシュメールではないかともいわれている。シュメールは謎の多い種族で、前著や本書でもたびたび触れているところだが、日本の起源と深く関係しているといわれたり、様々な数式や計算式などを作り出してきた出自不明の民族であったりする。これには諸説あるので一概に断言できない。

それはさておき、数字を追い求めているうちに、次第にエジプトと日本とは関係ができたと考えるのが自然に思える。

さて、古代エジプトの年代は紀元前２５００年頃である。つまり、本書を執筆中の現在（２０１９年）からすると４５００年以上前となる。一方、日本の神話に登場するスサノオや古代豪族の蘇我氏が活躍した年代とは違う。２０１９年は日本の起源からすると皇紀２６７９年にあたる。神武天皇即位を元年としてみるのが皇紀だが、スサノオはさらにその前になるので、あるいは古代エジプトまで遡れるのかも知れない。

しかし、蘇我氏が活躍したのは古墳時代から飛鳥時代の西暦５００年から６００年頃になるので、時代的にはかなりの差異がある。にも関わらず、古代エジプトと日本とにこれほどの共通点があるとなると、一体どのような流れでこうなったのか、知りたいところだ。

たとえば、ファラオとイムホテプなどの学者の関係は、天皇と蘇我氏との関係に類似する。ファラオが表舞台で活躍する裏では、イムホテプのような天才的な学者の存在は欠かせなかっただろう。

天皇家と蘇我氏も姻戚関係にあった。蘇我氏は学者ではないし、一見すると表舞台で活躍したかにみえるが、蝦夷・入鹿親子が日本史から抹消されて以降は、完全に表から姿を消した。では、完全に消えたのかというとそうではなく、蘇我氏は裏でずっと暗躍していたのではないかと私は推考した。

では、なぜ蘇我氏は表舞台から姿を消したのか。あるいは、姿を消さざるをえなくなったのか。それは、生まれ持ったＤＮＡによるものではなかったか。もっとわかりやすくいうと、血脈が彼らをそうした行動に駆り立てたのではないか。つまり、蘇我氏は日本古代史において表舞台ではやるべきことをやり、本来自分たちが収まるべき裏舞台で暗躍する道に戻ったのではないだろうか。

表があると必ず裏がある。表裏一体という言葉もあるが、表舞台と思っていたら、実は裏舞台で踊っていた、なんてことも人生にはある。表は表、裏は裏なのだが、表と裏は常に一体であることを押さえておくべきだろう。

◉祈りの街、エルサレム

私は３月にイスラエルとエジプトに行ったことは先述したとおりだが、今回エジプトではジェセル王の階段ピラミッドやウセルカフ王の太陽神殿、３大ピラミッドなどに行き、さらにクフ王のピラミッドの中まで入り、大回廊や棺のところまで行った。ガイドからは、ピラミッドの中ではリンゴが腐らないとか、カミソリの刃が復活するといった話を聞かせてもらった。その昔、ピラミッドパワーという未知の力が働くことが雑誌やテレビなどで報じられたりしたこともあり、かなり流行ったことはあるが、今回、現地の人に聞いて改めて確信した。

また、地球の体積の話や太陽との距離、黄金比、光のスピードの話なども聞いたが、地球上

❖8-1

のピラミッドから宇宙の数値に近づいているかの地は、やはりどこでも思うことはズレていないということだ。

私は日本各地にある神社や寺院、また山や断層や川、湖や海などを多数巡ってきたが、対象となる場所や建物などは必ず事前に位置（緯度経度）や距離や高さ、本尊や祭神や墓や象徴などを調べてから訪れていた。また、エジプトのピラミッドや神殿、イスラエルのモスクなどを巡ったときも、現地で数値を調べたりもしたが、何も数字はズレてはいないことを確認した。

つまり、数千年、否、地球上に人類が創生して以来、数字はまったくといっていいほどズレていない、もっとわかりやすい表現をすると、「変わっていない」といえるのではないだろうか。

イスラエルのエルサレムに行って思ったこ

❖8-2

とは、祈りがすぐそこ、目の前にあるということだった。エルサレムという場所がどれほど重要であるかはもちろん知っている。ユダヤ教、キリスト教、イスラム教の三大宗教の聖地である当地には、色々な人種が様々な祈りを捧げている。

ユダヤ教は唯一絶対の神であるヤハウェを信仰し、神から約束された民族がユダヤ人であり、このエルサレムは神から約束された地であるというところからきている。また、「信仰の父」と呼ばれるアブラハムが神に誓いを立てた「聖なる岩」があるのも当地である。

キリスト教は、イエス・キリストがゴルゴタ（ゴルゴタは「しゃれこうべの場所」の意味）の丘に十字架により磔の刑に処せられた場所がエルサレムであった（8―1）。

そしてイスラム教は、教祖ムハンマドの奇

跡がエルサレムにある。エルサレムの「嘆きの壁」は、かつてソロモン王が作ったエルサレム宮殿がバビロニアによって破壊された跡になり、その後、ウマイヤ朝時代に「岩のドーム」が建造された。ムハンマドは、この岩のドームの中央にある岩に天馬に乗って運ばれ、その後、天界へと「昇天」し旅をした場所とされている。

この聖地は、「神殿の丘」とよばれ、この丘に嘆きの壁が残されている。そこへ行くと、周りには墓地が沢山あり、少しでも嘆きの壁と同じく生きとし生けるものが主《あるじ》の近くで眠り祈っている様子がうかがえる（8―2）。

さて、ここまで色々語ってきたが、最後に、本書によって神社仏閣の見方が少しでも気になっていただけると著者として、また、仏様に仕える住職としてありがたい。

近所の神社や寺の祭神や本尊が何かの意味があっての起点である可能性は高いし、世界の歴史や日本の歴史と繋がっている可能性も高い。また、神社には、人や名字からくるものもあれば、自然を守る神社もある。

それと、菩提寺に行く機会があれば、お墓の位置や亡くなった方の月日も気にするとよいかも知れない。第1章で語ったように、どの家にも必ず、夏の家と冬の家がある。そこから、自分の生家はどのような過去を辿ってきたのか、仏様となった先祖たちはどのような生き様をしてきたのか、それによって今生きている自分はどんな立ち位置であり、自分の家族などは将来どうなるのか、色々みえてくるはずだ。

改めて、本書冒頭の問いに戻る。

「あなたの数字は何ですか?」

祈り願ってほしい。

自分の生まれた日や今の時、亡くなる時の時間はズレない。杭を打つかのように決まっているし、過去・現在・未来がつながっているのである。

■ 参考図書

数秘術〜数の神秘と魅惑　ジョン・キング著　好田順治訳　青土社

密教占星術入門　桐山靖男著　平河出版社

暦の歴史　ジャクリーヌ・ブルゴワン著　池上俊一監修　南條郁子訳　創元社

旧暦読本〜現代に生きる「こよみ」の知恵　岡田芳朗著　創元社

月刊京都　2015年9月号　白川書院

暦で読み解く古代天皇の謎　大平裕著　PHP研究所

「超古代」神々からの黙示録〜太古に埋もれた人類創世の秘密　平川陽一著　日本文芸社

古事記　上・中・下　全訳注　次田真幸著　講談社

「日本地理」なるほど雑学事典　日本博学倶楽部著　PHP研究所

大化改新の謎〜闇に葬られた衝撃の告白　関裕二著　PHP研究所

感動する!数学　桜井進著　PHP研究所

易経　上・中・下　高田真治・後藤基巳訳　岩波書店

夢中になる江戸の数学　桜井進著　集英社

現代語訳　古語拾遺　菅田正昭著　新人物往来社

いちばんやさしい!世界の三大宗教がわかる本　一校舎社会研究会編　永岡書店

全現代語訳　日本書記　上・下　宇治谷孟著　講談社

読むだけで突然頭がよくなる算数の本　高濱正伸著　三笠書房

図説　数字トリック　樺旦純著　三笠書房

この世の支配する恐るべき数字の謎と不思議　夢プロジェクト編　河出書房新社

文字の歴史　ジョルジュ・ジャン著　矢島文夫監修　創元社

古事記と日本書記〜「天皇神話」の歴史　神野志隆光著　講談社

蘇我氏と曽我兄弟に教えられたこと　大井道範著　幻冬舎ルネッサンス

スサノオの数字〜古代出雲と富士山ラインに隠された刻印の謎を追う　大井道範著　幻冬舎ルネッサンス

▶**著者紹介**
大井道範（おおい　どうはん）
龍珠山瑞雲寺23世住職。
群馬県前橋市赤城山最善寺生まれ。

神仏の眞杭　地球上に刻印された聖数字の謎に迫る

令和２年２月３日　初版発行

著　者——大井道範
発行者——大井道範
発行所——龍珠山瑞雲寺
〒250-0202　神奈川県小田原市上曽我902
電話：0465-42-0718　URL：http://ryuzyuzan-zuiunzi.jp/
発売元——星雲社（共同出版社・流通責任出版社）
装丁・ＤＴＰ—井上　亮
編　集———金田雄一
印刷・製本——亜細亜印刷株式会社

ISBN978-4-434-27097-0 C0020